企业智慧用工

风险防控与全流程合规指南

覃银燕 谢晓东◎著

中华工商联合出版社

图书在版编目（CIP）数据

企业智慧用工：风险防控与全流程合规指南 / 覃银燕，谢晓东著 . -- 北京：中华工商联合出版社，2025.3. -- ISBN 978-7-5158-4203-5

Ⅰ . F272.92-62

中国国家版本馆 CIP 数据核字第 202567YH17 号

企业智慧用工：风险防控与全流程合规指南

作　　者：	覃银燕　谢晓东
出 品 人：	刘　刚
图书策划：	蓝色畅想
责任编辑：	吴建新　林　立
装帧设计：	胡椒书衣
责任审读：	付德华
责任印制：	陈德松
出版发行：	中华工商联合出版社有限责任公司
印　　刷：	三河市九洲财鑫印刷有限公司
版　　次：	2025年4月第1版
印　　次：	2025年4月第1次印刷
开　　本：	710mm × 1000mm　1/16
字　　数：	200千字
印　　张：	15
书　　号：	ISBN 978-7-5158-4203-5
定　　价：	56.00元

服务热线：010-58301130-0（前台）

销售热线：010-58302977（网店部）
　　　　　010-58302166（门店部）
　　　　　010-58302837（馆配部、新媒体部）
　　　　　010-58302813（团购部）

地址邮编：北京市西城区西环广场A座
　　　　　19-20层，100044

http://www.chgscbs.cn

投稿热线：010-58302907（总编室）

投稿邮箱：1621239583@qq.com

工商联版图书
版权所有　盗版必究

凡本社图书出现印装质量问题，请与印务部联系。

联系电话：010-58302915

前 言

在当今复杂多变的商业环境中，企业与员工之间的劳动纠纷问题层出不穷，特别是在经济活跃的大都市，如广州，这一现象尤为显著。从2021年到2023年，这短短的三年间，广州各级法院所受理的劳动争议案件数量竟高达惊人的98547件。这一数据不仅令人咋舌，更深刻揭示了企业在劳动关系管理上所面临的困境与挑战。尤其值得注意的是，这些案件中的绝大多数都集中在员工入职后的半年至三年内，这一时期恰好是员工与企业关系磨合的关键时期，也是劳动纠纷的易发期。

员工在劳动争议案件中，往往会提出多种诉求，包括但不限于未足额支付的工资、长期累积的加班费，以及因工作繁忙而未能享受的未休年假工资等。这些诉求的背后，折射出的是员工对于自身权益的强烈维护意识。然而，对于企业而言，这些诉求无疑增加了其应诉的难度和成本，导致企业败诉率居高不下，严重影响了企业的正常运营和健康发展。

为了帮助企业更好地应对这一挑战，我们与资深律师谢晓东携手合作，共同推出了《企业智慧用工：风险防控与全流程合规指南》这部力作。本书旨在通过"万人和谐用工计划",为企业提供一套全面、系统、实用的劳动关系管理指南,助力企业在激烈的市场竞争中立于不败之地。

在实践中,企业管理层与员工之间的日常互动无处不在,劳动关系的管理也因此变得异常复杂和敏感。稍有不慎,就可能引发劳动纠纷,不仅会损害企业的声誉和形象,还可能对企业的正常运营造成严重影响。更为严重的是,一旦劳动纠纷升级为法律诉讼,企业将面临巨大的法律风险和经济损失。为了帮助企业管理者更加清晰地了解员工入职、在职、离职各阶段的高频法律风险点,我们精心设计了本书的内容结构。

首先,在员工入职篇中,我们深入剖析了入职初期的高频风险场景,如入职手续不全、劳动合同签订不规范等,并提供了相应的解决策略,帮助企业从源头把控用工风险。

其次,在员工在职篇中,我们聚焦员工在职期间的关键风险领域,如薪酬福利管理、绩效考核等,通过详实的案例分析和专业的法律解读,为企业提供了切实可行的解决方案。

最后,在员工离职篇中,我们总结了员工离职阶段的高风险事项,如离职手续办理、竞业禁止协议执行等,并为企业提供了科学合理的员工离职管理流程的设计思路。

通过阅读本书,企业管理者将能够全面了解劳动法律法规的精髓和要点,掌握劳动关系管理的核心技能和实战方法。无论是企业老板还是人力资源部门的工作人员,都能从中受益匪浅,同时提升自身的专业素养和实战能力。

总之,我们期望通过这本书的推广和应用,推动更多的企业实现劳动关系的和谐稳定,提高企业的综合竞争力和社会影响力。让我们携手共进,在劳动关系管理的道路上不断探索、不断前行!

目 录

第一篇　员工入职篇

第一章
招聘与录用 // 2

第一讲　招聘风险：不规范的招聘广告容易引发纠纷 // 2

第二讲　碰瓷风险：遇到碰瓷员工，应如何防范？// 6

第三讲　录用难题：录用条件写得不规范，试用期也炒不掉员工 // 10

第二章
入职与试用期 // 15

第一讲　试用期设定：如何确保试用期约定的有效性？// 15

第二讲　资料审查：新员工入职资料造假，法律后果很严重 // 19

第三讲　社保缴纳：老板未给员工购买社保的法律责任 // 23

第四讲　入职表填写：入职表内容不属实，能否解除劳动关系？// 28

第三章
劳动合同 // 33

第一讲　合同误区：签订了劳务合同，就不是劳动关系？// 33

第二讲　合同签订疏忽：劳动合同转正后再签，企业风险很大 // 36

第三讲　劳动合同陷阱：劳动合同细节写错，企业损失惨重 // 43

第二篇　员工在职篇

第四章
用工管理 // 48

　　第一讲　女性用工特殊问题：女员工入职与怀孕承诺书的效力 // 48

　　第二讲　临时工风险：如何规避临时工带来的法律风险？// 52

　　第三讲　实习生风险：如何规避实习生带来的法律风险？// 56

　　第四讲　兼职工风险：如何规避兼职工带来的法律风险？// 60

　　第五讲　临近退休工风险：如何规避临近退休工的用工法律风险？// 64

第五章
员工培训与岗位调整 // 70

　　第一讲　培训离职：如何预防员工培训后离职的风险呢？// 70

　　第二讲　不胜任处理：员工不胜任时，能否直接解雇？// 73

　　第三讲　调岗操作：如何正确进行岗位调整？// 76

第六章
薪资与福利管理 // 81

　　第一讲　工资条：不规范工资条也会引发法律风险 // 81

　　第二讲　加班费：高薪员工是否仍需支付加班费？// 85

　　第三讲　规章制度：如何防范企业规章制度无效的法律风险？// 90

　　第四讲　降薪处理：公司业绩不好，能给员工降薪吗？// 94

　　第五讲　轮岗处理：上一天休一天，薪资减半合法吗？// 98

　　第六讲　旷工工资：如何避免不当扣发旷工工资的法律风险？// 103

　　第七讲　保密费：公司要求员工保密，保密费非给不可吗？// 110

第七章
员工行为与纪律管理 // 115

第一讲　旷工处理：员工旷工3天，可以算自动离职吗？// 115

第二讲　拒绝加班：员工拒绝加班，公司能解雇吗？// 119

第三讲　病假处理：员工长期泡病假，企业应如何应对？// 124

第四讲　年休假处理：企业如何应对年休假处理不当的风险？// 128

第五讲　待岗休息：如何规避员工待岗处理不当引发的法律风险？// 132

第六讲　违约条款审查：员工签名的违约金条款有法律效力吗？// 137

第八章
经营变动与员工权益 // 141

第一讲　效益不好：经济下滑，员工工资发放能否延期？// 141

第二讲　合同到期：企业需要提前通知员工吗？// 145

第三讲　企业搬迁：如何妥善处理企业搬迁带来的法律风险？// 149

第三篇　员工离职篇

第九章
辞职与离职管理 // 156

第一讲　辞职规范：员工未提前通知辞职的法律风险 // 156

第二讲　离职交接：离职员工未完成交接，企业能否扣发工资？// 159

第三讲　末位淘汰：如何预防末位淘汰操作不当引发的法律风险？// 163

第四讲　辞职申请：员工辞职，需要公司批准吗？// 167

第五讲　员工离职：企业未开具离职证明，需要承担什么责任？// 170

第六讲　工龄计算：员工离职又入职，工龄如何计算？// 173

第七讲　拒收文件：员工拒收公司处分、解雇文件，怎么办？// 179

第十章
解聘与裁员操作 // 183

第一讲　解聘操作：超过退休年龄员工，能否解聘？// 183

第二讲　不当行为：员工群内骂老板，能否解雇？// 188

第三讲　裁员操作：合法解雇与违法解除的界定 // 192

第四讲　解雇禁区：哪些员工，企业不能轻易解雇？// 196

第五讲　工会作用：有工会的企业，解雇员工前，问过工会吗？// 204

第十一章
竞业限制与商业秘密 // 208

第一讲　竞业限制：核心技术员工离职的竞业限制方法 // 208

第二讲　商业秘密：如何合法预防员工泄露商业秘密？// 212

第十二章
劳务关系与用工模式 // 218

第一讲　平台用工：是劳务关系，还是劳动关系？// 218

第二讲　混同用工：混同用工时，如何认定员工劳动关系的归属？// 222

第三讲　退休人员：如何规避退休人员聘用不当带来的法律风险？// 226

后记：构建和谐劳动关系，共创企业未来 // 231

第一篇

员工入职篇

第一章　招聘与录用

第一讲　招聘风险：不规范的招聘广告容易引发纠纷

在招聘时，有些人认为，把招聘广告写得简单一些，写得吸引人一些，就能快速招聘到不少员工。其实，招聘广告并不是能吸引到人就行，如果招聘广告不合规，就很容易引发劳动纠纷。

案例场景

某公司为了扩大业务规模，急需招聘一批销售人员。为了尽快招到人员，人力资源部门匆忙发布了一则招聘广告，广告中明确表示"只招聘本科及以上学历者，有相关工作经验者优先"。同时，为了吸引更多应聘者，广告中还承诺了优厚的薪资待遇和良好的晋升空间。

不久后，符合条件的应聘者小王看到了这则广告，并成功通过了面试。然而，在签订劳动合同前，小王发现合同中的薪资待遇与招聘广告中承诺的不符，且对学历和经验的要求也并未在合同中明确体现。小王感到被欺骗，于是向公司质疑，并要求按照招聘广告的承诺签订劳动合同。但公司认为广告中的承诺并非合同条款，拒绝了小王的要求。双方因此产生纠纷。

问题分析

在实践中，上述案例中的纠纷很常见。

1. 招聘广告内容不规范。在上述案例中，公司的招聘广告对学历和经验作出了明确要求，但却未在劳动合同中明确体现，导致应聘者产生误解。此外，广告中承诺的薪资待遇与实际情况不符，进一步加剧了双方的矛盾。

2. 引发法律风险。根据相关法律法规，招聘广告中的承诺若构成合同的一部分，企业需承担相应的法律责任。在上述案例中，公司未能履行广告中的承诺，可能面临法律纠纷和赔偿责任。

3. 企业形象受损。不规范的招聘广告不仅可能引发法律纠纷，还可能损害企业的形象和声誉。一旦应聘者或社会公众认为企业存在欺诈行为，将对企业的长期发展造成不利影响。

解决建议

中小企业，如何预防招聘广告不规范带来的法律风险呢？建议如下（如图1-1所示）：

1. 规范招聘广告内容。企业在发布招聘广告时，应确保广告内容真实、准确、合法，并明确告知应聘者招聘流程、应聘条件、面试安排等关键信息。同时，应避免在广告中做出过于夸大或不实的承诺。

2. 完善劳动合同条款。企业在与应聘者签订劳动合同时，应确保合同条款与招聘广告中的承诺相一致。对于关键信息，如薪资待遇、工作要求等，应在合同中明确约定，以避免后续纠纷。

图中文字：
- 规范招聘广告内容
- 建立良好的企业形象
- 预防招聘不规范的法律风险
- 完善劳动合同条款
- 加强法律风险防范

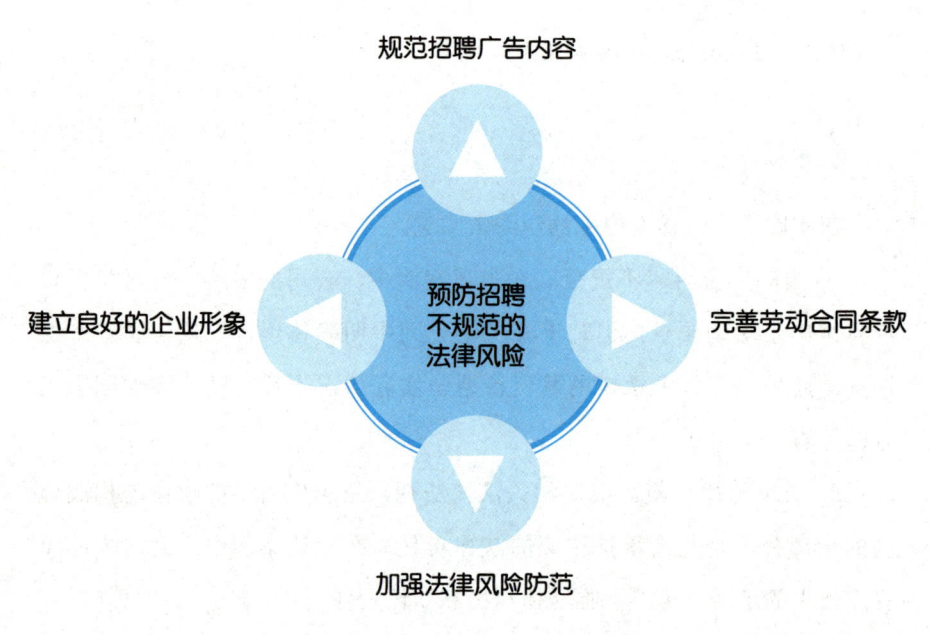

图 1-1　预防招聘不规范的法律风险的四个建议

3. 加强法律风险防范。企业应定期对招聘广告进行审查，确保其符合相关法律法规的要求。同时，可寻求专业法律人士的帮助，对招聘广告和劳动合同进行把关，降低法律风险。

4. 建立良好的企业形象。企业应注重诚信经营，遵守相关法律、法规，确保招聘广告的合法性和真实性。在招聘过程中，企业应尊重应聘者的权益，提供公平、公正的招聘环境，以树立良好的企业形象。

总的来说，不规范的招聘广告可能给企业带来诸多法律风险，甚至引发纠纷。因此，企业在发布招聘广告时，务必确保其内容真实、准确、合法，并明确告知应聘者关键信息。通过规范招聘广告和加强法律风险防范措施，企业可以减少纠纷的出现，并树立良好的企业形象。

总结提示

把好招聘关，做好入职关，企业应加强法律风险防范意识，完善劳动合同条款，以维护企业和应聘者的合法权益。

相关法律链接

《中华人民共和国劳动法》

第三条规定，劳动者享有平等就业和选择职业的权利。

（企业在发布招聘广告时，应遵循平等就业原则，不得歧视特定群体。）

《中华人民共和国民法典》

第四百七十二条规定，要约是希望与他人订立合同的意思表示。

（招聘广告若构成要约邀请，应聘者基于此产生的合理信赖应受到法律保护。若企业未能履行广告中的承诺，可能面临违约纠纷。）

《中华人民共和国劳动合同法》

第八条规定，用人单位招用劳动者时，应当如实告知工作内容、工作条件、工作地点、职业危害、安全生产状况、劳动报酬，以及劳动者要求了解的其他情况。

《中华人民共和国广告法》

第四条规定，广告不得含有虚假的内容，不得欺骗和误导消费者。

第二十八条规定，广告以虚假或者引人误解的内容欺骗、误导消费者的，构成虚假广告。

《中华人民共和国就业促进法》

第六十二条规定，违反本法规定，实施就业歧视的，劳动者可以向人民法院提起诉讼。

《就业服务与就业管理规定》

第十一条规定，用人单位委托公共就业服务机构或职业中介机构招用人员，或者参加招聘洽谈会时，应当提供招用人员简章，并出示营业执照（副本）或者有关部门批准其设立的文件、经办人的身份证件和受用人单位委托的证明。

招用人员简章应当包括用人单位基本情况、招用人数、工作内容、招录条件、劳动报酬、福利待遇、社会保险等内容，以及法律、法规规定的其他内容。

第十二条规定，用人单位招用人员时，应当依法如实告知劳动者有关工作内容、工作条件、工作地点、职业危害、安全生产状况、劳动报酬以及劳动者要求了解的其他情况。

用人单位应当根据劳动者的要求，及时向其反馈是否录用的情况。

第十四条规定，用人单位招用人员不得有下列行为：

（一）提供虚假招聘信息，发布虚假招聘广告；

（二）扣押被录用人员的居民身份证和其他证件；

（三）以担保或者其他名义向劳动者收取财物；

（四）招用未满 16 周岁的未成年人以及国家法律、行政法规规定不得招用的其他人员；

（五）招用无合法身份证件的人员；

（六）以招用人员为名牟取不正当利益或进行其他违法活动。

第二讲　碰瓷风险：遇到碰瓷员工，应如何防范？

不少创业老板，害怕遇到故意找茬、制造麻烦的碰瓷员工。然而，如果企业真的遇上职业碰瓷员工，对于企业来说就是一个巨大的挑战，一旦处理不好就会给企业带来巨大的损失。

案例场景

2023 年年底，广东的一位王老板在家具厂里遇到了一桩烦心事。

员工老彭在公司工作了 6 个月，突然有一天向人社局投诉，称公司未与其签订劳动合同，要求支付双倍工资，按月薪 1 万元计算，共 5 个月的工资，即再支付 5 万元。

此外，老彭还指出公司未为其办理社保，因此，要求解除劳动关系并获得 1 万元的经济补偿。总计下来，王老板需支付 6 万元。

王老板收到劳动仲裁委的传票时非常愤怒，决定亲自出席劳动仲裁庭审。庭审中，老彭表现得非常专业，对劳动法条文非常熟悉，最后劳动仲裁委判决王老板必须赔偿 6 万元。王老板心中不平，上网搜索才发现，老彭此前经历过多次劳动争议，并每次都能获得赔偿。王老板意识到，自己这是招了个"碰瓷高手"啊。

问题分析

职业碰瓷现象在实际中并不少见。那么，为什么会出现职业碰瓷人呢？主要有以下两点原因：

1. 不花本钱，赚钱快。职业碰瓷在现实生活中并不少见。比如，有一个名叫翟某的人，以职业碰瓷打官司为生，在中山市 3 年间告了 19 家公司，共 41 个案件，声称这些公司存在加班不给加班费、未补缴社保、未签订合同等问题。结果是翟某常能获得赔偿，自己又不花一分钱。这种零成本、高回报的"好事"，吸引了越来越多的人效仿，形成了一种"行业"。

2. 有些职业碰瓷人还有培训、有组织。职业碰瓷现象不止于此，后来还出现了专门培训如何打官司的团队，教人如何钻法律空子，如何起诉公司才能胜诉，如何索取赔偿。这样，碰瓷的人更加"专业"了，知道如何应对法庭，如何展示自己，以便让公司乖乖掏钱。这种有组织的行为，使职业碰瓷人越来越多。

以上原因，导致职业碰瓷人的现象越发普遍。中小企业本来就面临经营困难的挑战，而职业碰瓷员工在零成本的情况下却能获得如此高的回报，这对中小企业来说是一个巨大的难题。

解决建议

对于中小企业老板而言，如何应对招聘时遇到的职业碰瓷人呢？以下是四点建议（如图1-2所示）：

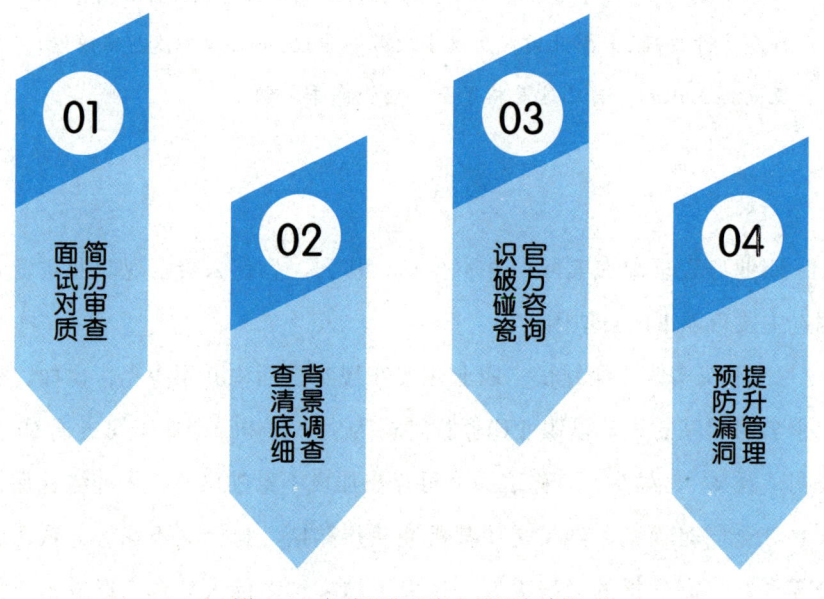

图1-2 应对职业碰瓷人的四点建议

1. 简历审查，面试对质。招聘时从简历入手，如果员工的简历上显示频繁跳槽或信息模糊，人力资源负责人在面试时需要特别留意。可以通过询问具体问题，观察对方是否能够解释清楚，如果对方吞吞吐吐，眼神躲闪，可能就是来碰瓷的。

2. 背景调查，查清底细。进行背景调查是非常重要的。如果发现应聘者对劳动法非常了解，但简历上的工作单位却写得不清楚，需要联系他以前的单位，了解这个人是否是"问题人物"。这样可以帮助企业避免招到麻烦。

3. 官方咨询，识破碰瓷。如果认为应聘者有问题，可能是来找茬的，可以去人社局咨询。人社局可以帮助企业查询这个人是否是"常客"，以及是否在本地有过多起劳动纠纷的记录。同时，企业要十分注意那些对规章制度特别挑剔或有诉讼经验的应聘者，这些都是警示信号。

4. 提升管理，预防漏洞。企业需要从根本上提升人力资源管理水平，解决管理漏洞，减少类似情况的发生。招聘时务必按照规范步骤进行，不怕麻烦，才能确保招聘到真正愿意工作的人，而不是那些想要碰瓷的人。

总结提示

企业招工，不慎遇到职业碰瓷人，的确是一件糟心的事情，处理不好，还会给企业声誉带来负面影响。因此，有效预防招工遇到职业碰瓷人，对于企业而言是一件非常关键的事情。

相关法律链接

1. 关于未签订劳动合同的规定。

《中华人民共和国劳动合同法》

第十条规定，建立劳动关系，应当订立书面劳动合同。

已建立劳动关系，未同时订立书面劳动合同的，应当自用工之日起一个月内订立书面劳动合同。

第八十二条规定，用人单位自用工之日起超过一个月不满一年未与劳动者订立书面劳动合同的，应当向劳动者每月支付二倍的工资。

2. 关于社会保险的规定。

《中华人民共和国劳动合同法》

第十七条规定，劳动合同应当具备为员工缴纳社会保险的条款。

《中华人民共和国社会保险法》

第五十八条规定，用人单位应当自用工之日起三十日内为其职工向社会保险经办机构申请办理社会保险登记。

3. 经济补偿金的规定。

《中华人民共和国劳动合同法》

第四十六条规定，劳动者依照本法第三十八条规定解除劳动合同的，用人单位应当向劳动者支付经济补偿。

第四十七条规定，经济补偿按劳动者在本单位工作的年限，每满一年支付一个月工资的标准向劳动者支付。六个月以上不满一年的，按一年计算；不满六个月的，向劳动者支付半个月工资的经济补偿。

第三讲 录用难题：录用条件写得不规范，试用期也炒不掉员工

不少老板认为，录用条件很简单，有什么要求直接写出来就行了。但如果录用条件写得不规范，那么试用期不合格的员工，也难以被解雇。

案例场景

张老板经营着一家电器公司。春节过后，公司订单激增，张老板急需招聘人手扩大生产线，于是让人力资源部门在厂门口贴了一张招聘广告："急需人才，待遇优厚。"广告一出，吸引了不少人，其中包括李某。

李某看到招聘广告，认为自己适合，便来应聘。张老板正缺人，看李某人机灵，也没多考察，直接让他上班，负责公司产品研发，并签了5年合同，试用期6个月，月薪1万元。

但3个月后，李某的问题出现了。他研发的产品总是会出点小

问题，张老板多次指出，但李某始终改不了。张老板心想，试用期还没过，李某能力不过关，干脆开除他吧。于是，他给李某发了一份解雇通知书。

李某收到通知后非常气愤，觉得自己辛苦工作了3个月，不应该被开除，便申请劳动仲裁，要求公司继续履行合同。劳动仲裁委最终裁决李某可以回去上班。

张老板拿着裁决书，感到非常困惑："试用期不合格，我都炒了人，怎么还能回来？"

问题分析

看到这里，你可能也会思考劳动仲裁委的裁决是否有误。这个典型案例反映了录用条件不明确引发的用工纠纷的始末。如果录用条件写得不规范，企业将会引发哪些劳动用工隐患呢？

1. 录用条件模糊，导致法律漏洞。很多企业在招聘时，录用条件不明确，这是问题的核心。市场上许多招聘广告只是为了吸引眼球，没有具体的录用条件。在这种情况下，如果企业以"不符合岗位要求"为由解雇员工，员工可以用入职时的招聘广告反驳，导致企业败诉。

2. 招聘文件不合法、不科学。很多企业的人力资源部门在招聘时忽视了招聘文件的合法性，没有意识到招聘文件会引发法律纠纷。《中华人民共和国劳动合同法》第三十九条明确规定，在试用期间被证明不符合录用条件的，用人单位可以解除劳动合同。可见招聘文件的重要性。

3. 着急招聘，没有讲清录用条件。现在很多企业用工难，在招聘时往往没有把条件讲清楚，只要有人来应聘，就先把人招进来。这种方法短期内解决了人手问题，但从长期来看，会为企业遗留很多隐患。例如，员工入职后发现工作内容与预期不符，或企业发现员工不符合岗位需求时已经太晚，解雇员工也很困难，从而引发纠纷。

上述案例中，张老板在解除李某劳动合同时，未充分证明李某"不符合录用条件"，那么劳动仲裁委就会支持李某要求恢复工作的诉求。因此，新员工的录用条件非常重要，招聘文件上一定要写清楚、讲清楚、用清楚。

解决建议

如何预防录用条件不清晰引发的用工风险呢？可以从以下三个方面着手（如图 1-3 所示）：

预防录用条件不清晰引发的用工风险
- 详细制订并公示录用条件
- 完善招聘流程和文档管理
- 加强人力资源管理与员工沟通

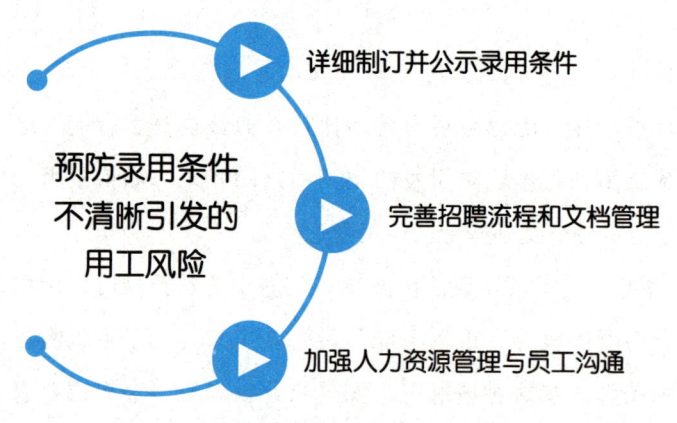

图 1-3　预防录用条件不清晰引发风险的三个方面

1. 详细制订并公示录用条件。企业需要在招聘广告和合同中详细列明具体的录用条件，不能仅使用模糊的形容词，如"有责任心"，而应具体说明岗位所需的技能、经验和工作标准。这些条件应清晰展示在招聘广告中，并在员工入职时进行确认。

2. 完善招聘流程和文档管理。企业应建立一个科学的招聘流程，从发布广告到面试、筛选再到录用，每一个环节都应规范操作。对于招聘广告和录用通知书等文档，企业应严格审核，确保其合法性、有效性，并妥善存档保管。

3. 加强人力资源管理与员工沟通。企业应加强人力资源管理，确保人力资源部门对招聘流程有充分的认识和掌控。招聘初期，人力资源部门应与应聘者充分沟通，明确岗位要求和工作内容，确保双方对录用条件有共同理解。

通过上述建议，企业可以大大降低因录用条件不明确而引发的用工风险，构建更加稳定和谐的劳动关系。

此外，中小企业老板在撰写录用条件时，还要注意避免以下错误：

一是岗位需求不明确。中小企业常常面临岗位需求频繁变化的问题，员工可能需要兼顾多个角色，导致企业难以准确描述岗位的具体要求。

二是缺乏专业人力资源负责人。许多企业没有专业的人力资源部门，可能由老板娘或财务人员兼任，他们缺乏专业的人力资源管理知识。

三是招聘流程不规范。一些企业将招聘工作完全交给非专业人士，如部门主管，由于他们并非人力资源领域的专家，这可能导致招聘流程不规范，招聘工作执行不到位。

总结提示

试用期不是法外之地，录用条件要明确；录用条件写明确，劳动纠纷少沾身！

相关法律链接

1. 关于录用条件的规定。

《就业服务与就业管理规定》

第十一条规定，用人单位委托公共就业服务机构或职业中介机构招用人员，或者参加招聘洽谈会时，应当提供招用人员简章，并出示营业执照（副本）或者有关部门批准其设立的文件、经办人的身份证件和受用人单位委托的证明。

招用人员简章应当包括用人单位基本情况、招用人数、工作内容、招录条件、劳动报酬、福利待遇、社会保险等内容，以及法律、法规规定的其他内容。

第十二条规定，用人单位招用人员时，应当依法如实告知劳动者有关工作内容、工作条件、工作地点、职业危害、安全生产状况、劳动报酬以及劳动者要求了解的其他情况。

2. 关于试用期的规定。

《中华人民共和国劳动合同法》

第十九条规定，劳动合同期限三个月以上不满一年的，试用期不得超过一个月；劳动合同期限一年以上不满三年的，试用期不得超过二个月；三年以上固定期限和无固定期限的劳动合同，试用期不得超过六个月。

3. 解除劳动合同的条件。

《中华人民共和国劳动合同法》

第三十九条规定，劳动者在试用期间被证明不符合录用条件的，用人单位可以解除劳动合同。

4. 解除劳动合同应告知原因。

《中华人民共和国劳动合同法》

第二十一条规定，用人单位在试用期解除劳动合同的，应当向劳动者说明理由。

5. 解除劳动合同的程序要求。

《中华人民共和国劳动合同法》

第四十条规定，一般情形下，用人单位提前三十日以书面形式通知劳动者本人或者额外支付劳动者一个月工资后，可以解除劳动合同。

（尽管此条款主要适用于非试用期员工，但指出了解除合同需有明确程序且通常需要书面形式。）

第二章 入职与试用期

第一讲 试用期设定：如何确保试用期约定的有效性？

有些老板认为，新员工行不行，试用3个月就知道了。试用期限内，员工干得好就留下，员工干得不好就走人。因此，只要在入职时，告知员工试用期3个月就行了。

案例场景

老刘是一家钢琴制造厂的老板，平常生意就红火。最近接到一批大订单，老刘决定招几位新人帮忙，于是入职表上写了"试用期3个月"。他认为，这3个月足以看出这些新人是否能长期工作，如果试用期合格，再签正式合同。

新员工中有位叫小李的小伙子，工作勤快、学习能力强，得到同事一致好评。3个月试用期很快过去，这批紧急订单也快完成了。老刘觉得这批新员工不合适，包括小李，于是决定不再续聘他们。

小李收到不再续聘的通知，心里很不服气。他认为自己在这3个月里兢兢业业，工作得到了同事的好评，也没有出现任何差错，为什么就不合适了？于是，小李去申请劳动仲裁，要求确认入职表约定的试用期无效，并要求老刘厂支付违法解除劳动关系的赔偿金，以及试用期未签合同的两倍工资差额。

老刘收到仲裁文件也感到困惑。他认为，大家招工都是这样设定 3 个月试用期的，入职表上也写得清清楚楚，试用期不合格，当然可以不要，怎么会无效呢？

最终，劳动仲裁委裁决，老刘在入职表上写的"3 个月试用期"无效，因为老刘的厂未与小李签订正式合同，属于违法解除劳动关系，因此，需要赔钱，并支付 2 个月未签书面劳动合同的双倍工资差额。

问题分析

实践中，有些老板对试用期存在以下误解（如图 2-1 所示）：

图 2-1　部分公司老板对试用期的四个常见误解

1. 试用期不限制解雇权。一些老板误以为在试用期内可以无条件解雇员工，但忽视了劳动法律规定的合法解雇条件。即便是试用期员工，解雇也需要合理理由，如不符合录用条件等，否则企业可能面临违法解除合同的风险。

2. 试用期工资随意定。有些老板认为试用期工资可以低于最低工资标准或低于正式员工的工资。然而，法律规定试用期工资不得低于当地最低工资标准，并且需与员工工作内容和工作量相匹配。

3. 试用期等同于无保障期。一些老板认为试用期员工不享受任何正式员工的福利和保障，包括社保、年假等。实际上，试用期员工同样享有法律规定的基本权益，包括工时、休息日、社会保险等。

4. 试用期可以重复设定多次。有些老板误以为如果员工在试用期内表现不佳，双方可以协商后重新设定试用期。他们认为，只要双方同意，这种做法就合法有效。然而，法律规定，同一员工与同一雇主只能设定一次试用期。试用期结束后，无论续约还是重新签订合同，都不能再次设定试用期。

解决建议

老板们应如何规避因试用期问题产生的法律风险呢？可以遵循以下三个步骤（如图 2-2 所示）：

01 了解法律规定，合法设置试用期

02 签订书面劳动合同，明确试用期条款

03 合理评估员工，避免违法解除劳动合同

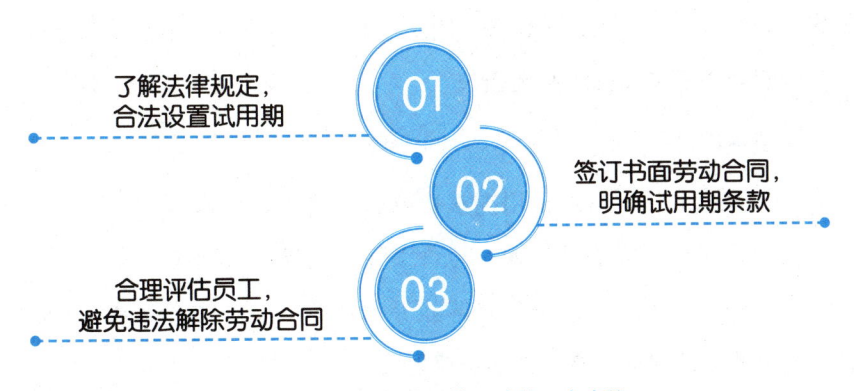

图 2-2　规避试用期法律风险的三个步骤

1. 了解法律规定，合法设置试用期。老板们需要了解并遵守当地的劳动法律法规。根据《中华人民共和国劳动合同法》规定，试用期长度与劳动合同期限紧密相关：劳动合同期限三个月以上不满一年的，试用期不得超过一个月；劳动合同期限一年以上不满三年的，试用期不得超过两个月；三年以上固定期限和无固定期限的劳动合同，试用期不得超过六个月。违反规定，设定的试用期可能被认定为无效，从而给企业带来法律风险。

2. 签订书面劳动合同，明确试用期条款。企业必须与员工签订书面劳动合同，并在合同中明确规定试用期的期限、工资待遇、工作内容、录用条件等。合同内容需要具体明确，避免模糊不清导致的争议。同时，确保试用期工资不低于当地最低工资标准，保障员工的基本权益。

3. 合理评估员工，避免违法解除劳动合同。在试用期内，企业应合理评估员工表现，确保评估过程公正、透明。如果决定解除劳动合同，必须基于合法理由，如员工不符合录用条件等。企业不能无理由或基于歧视性原因解除合同，否则可能面临违法解除的法律责任。

如果试用期被认定为无效的，企业可能需要承担相应的法律责任，如支付赔偿金、补发工资差额等。因此，企业在操作过程中应谨慎行事，避免因管理不善导致的不必要损失。

总结提示

总的来说，想要规避试用期法律风险，需要老板们做到：了解并遵守法律规定，合理设置试用期；与员工签订明确的书面劳动合同；在试用期内合理评估员工，避免违法解除劳动合同。通过这些步骤，企业可以有效降低因试用期问题产生的法律风险。

相关法律链接

《中华人民共和国劳动合同法》

第十九条规定，劳动合同期限三个月以上不满一年的，试用期不得超过一个月；劳动合同期限一年以上不满三年的，试用期不得超过二个月；三年以上固定期限和无固定期限的劳动合同，试用期不得超过六个月。

同一用人单位与同一劳动者只能约定一次试用期。

以完成一定工作任务为期限的劳动合同或者劳动合同期限不满三个月的，不得约定试用期。

试用期包含在劳动合同期限内。劳动合同仅约定试用期的，试用期不成立，该期限为劳动合同期限。

第二十条规定，试用期内劳动者的工资不得低于本单位相同岗位最低档工资或者劳动合同约定工资的百分之八十，并不得低于用人单位所在地的最低工资标准。

第二十一条规定，在试用期中，除劳动者有本法第三十九条和第四十条第一项、第二项规定的情形外，用人单位不得解除劳动合同。用人单位在试用期解除劳动合同的，应当向劳动者说明理由。

第二讲　资料审查：新员工入职资料造假，法律后果很严重

对于新员工入职资料造假，有些老板认为这是小问题，不会影响公司运营；以为只要员工能胜任工作，造假不必追究；或者误信只要之后表现良好，就可以弥补初期的不诚信。

实际上，这种行为可能涉及法律风险，损害公司声誉及内部管理的公平性，严重时还可能导致合同解除并承担赔偿责任。

案例场景

有一个名叫小梅的小女孩,她的父母在广东打工,工作繁忙,无法照顾她。于是,14岁那个暑假,小梅的父母让她用19岁姐姐的身份证去附近一家电器工厂找工作。

电器厂的人力资源部检查了小梅的身份证,发现照片与小梅本人相似,便招她进入生产线工作。小梅年纪小,工作效率不高,经常犯错,因此,经常被主管严厉责骂。小梅感到委屈,却不敢反驳。

某天,小梅再次被主管责骂后,与主管发生了激烈争吵。回到家后,小梅哭着告诉父母自己不想继续工作,但父母认为被责骂是正常的,责备她不懂事,让她继续上班。

第二天,小梅又被责骂,老板询问她的真实年龄时,小梅承认自己只有14岁。

听到这个答案,老板非常愤怒,斥责小梅欺骗她,最终导致小梅跳河自杀。之后,小梅的父母认为电器厂与小梅的死亡有直接关系,要求赔偿数百万元。经过调解,电器厂赔偿了60万元。

问题分析

上述案例中,小梅的悲剧主要有以下几个原因:

1. 家庭关怀不足。小梅的父母忙于工作,忽略了对她的关心和监护,导致她缺乏家庭的支持和正确引导,容易受到外界不良因素的影响。

2. 公司审查疏漏。工厂在招聘时没有严格核实员工身份,使未成年的小梅得以用她姐姐的身份证混进工厂工作。这种管理疏漏不仅让小梅处于不符合她年龄的工作环境中,也因未能及时识别并纠正这一严重失误而产生了不良后果。

3. 心理负担过重。工作中，小梅的能力不足，多次与主管发生冲突，增加了她的心理负担。家庭的不理解和责备进一步加重了她的心理负担，最终导致悲剧的发生。

上述案例，是一个极端的案例。但是，在日常生活中，常见的员工资料造假情形包括（如图 2-3 所示）：

图 2-3　常见的员工资料造假情形

1. 年龄造假：使用他人身份证，伪造年龄。
2. 学历造假：虚报学历，如将大专学历谎报为研究生学历。
3. 工作经验造假：夸大或虚构工作经历。
4. 资质造假：伪造或夸大专业资质或技能等级。
5. 身份造假：使用虚假身份或他人身份信息。
6. 工作背景造假：虚构或夸大在前雇主的工作表现和职位。

这些造假行为，不仅违反了诚信原则，还可能给企业带来法律风险和经济损失。

解决建议

为防范员工资料造假带来的法律风险，企业可采取以下策略：

1. 强化入职审核流程。对员工身份证件进行仔细核对，避免年龄造假；通过教育背景验证服务，确认学历真实性；与应聘者的前雇主联系，核实其工作经历和职位描述；检查专业资质证书，确保其在有效期内且未被吊销。

2. 签订明确的劳动合同。明确规定员工提供的信息必须真实，否则企业有权解除合同；详细列出员工的工作职责、岗位要求和预期业绩；明确试用期的期限和转正条件，以及在试用期内解除合同的条款，包括保密协议和竞业限制条款，以保护企业的商业机密和利益。

3. 建立诚信的企业文化。定期对员工进行职业道德和法律合规培训；鼓励员工举报任何可疑的造假行为，并确保举报渠道的畅通和保密性；对发现的造假行为及时采取措施，包括调查、纠正和必要时的法律行动；表彰和奖励遵守诚信原则的员工，以树立正面榜样。

通过实施这些策略，企业不仅能够减少因员工资料造假带来的法律风险，还能建立一个更加健康、透明的工作环境，促进企业的长期稳定发展。

总结提示

上述案例，警示企业需严格核实员工资料，防止年龄、学历造假，避免管理疏忽引发风险。企业应健全任职审核机制，签订明确劳动合同，培养诚信文化，保障员工身心健康，确保招聘程序和员工信息真实，预防类似悲剧。

相关法律链接

《中华人民共和国劳动法》

第三条规定，劳动者应当完成劳动任务，提高职业技能，执行劳动安全卫生规程，遵守劳动纪律和职业道德。

第十五条规定，禁止用人单位招用未满十六周岁的未成年人。

第十七条规定，订立和变更劳动合同，应当遵循平等自愿、协商一致的原则，不得违反法律、行政法规的规定。

《中华人民共和国劳动合同法》

第二十六条规定，以欺诈、胁迫手段或者乘人之危，使对方在违背真实意思的情况下订立或者变更劳动合同的，劳动合同无效或者部分无效。

第三讲　社保缴纳：老板未给员工购买社保的法律责任

有些老板认为，为员工购买社保是员工转正后才需要承担的义务，而且如果员工不愿意购买社保的话，签署不愿意购买社保声明就行了。这些理解，其实都错了！

案例场景

在广东一家茶具厂里，新入职的女工小芳刚上班的第三天，就在上班途中发生了严重的交通事故。事故发生时，小芳的男朋友骑电动车送她，不幸撞上了一辆汽车，导致小芳严重受伤并最终成为植物人。事发后，小芳的家属要求茶具厂赔偿300万元。然而，茶具厂老板坚决否认事故与公司有任何关联，认为这是小芳男朋友的不当行为所致，因此，拒绝承担责任。

在经过工伤认定、劳动能力鉴定和劳动仲裁后，劳动仲裁委裁决，茶具厂需支付300多万元的工伤赔偿，包括补偿金、护理费、治疗费等。

这一结果让茶具厂老板大为震惊，因为这笔赔偿款几乎等于公司全年的利润。老板因此产生了困惑，明明事故与公司无关，为何要赔偿如此巨额的费用？

问题分析

　　上述案例中，茶具厂老板在处理小芳事件时，存在以下几个常见的错误认知：

　　1. 事故责任的归属。老板认为小芳的事故完全是由于其男朋友的过失所致，与公司无关。然而，根据劳动法规相关内容，员工在上下班途中发生交通事故时，如果员工在事故中负有同等责任、次要责任或无责任，则此类事故通常会被认定为工伤。而公司在员工因工伤或职业病导致的损害中，需要承担相应的法律责任。因此，即便事故是在小芳上班途中发生的，只要事故符合工伤的认定标准，公司就有可能被要求承担赔偿责任。

　　2. 试用期员工的社保问题。老板认为社保购买是员工转正后的义务，而试用期内公司没有为员工购买社保的必要，这种观点是错误的。根据《中华人民共和国社会保险法》，企业必须在员工入职后的一个月内为其购买社保，即使是试用期员工也不例外。社保不仅是对员工权益的基本保障，也是企业履行社会责任的体现。未及时为员工购买社保，可能导致企业面临法律风险和高额赔偿。

　　3. 工伤赔偿与员工价值的认知误区。老板觉得赔偿金额过高，尤其是小芳刚入职不久，还未为公司创造足够的经济价值。然而，工伤赔偿的标准是基于法律规定的，其核心是员工的伤情和实际损失，而不是员工为公司创造的价值。法律对工伤赔偿的规定旨在保障员工的基本生活和医疗需求，与员工在公司创造的直接经济效益无关。

4. 对法律诉讼程序的误解。一些老板误以为可以通过拖延法律诉讼来逃避或减少赔偿责任，这种认知显然是错误的。即使诉讼时间较长，如果法院最终判定公司需承担责任，那么公司仍需按照判决支付相应的赔偿款。拖延诉讼不仅不能减轻责任，还可能增加公司的法律风险和声誉损失。

解决建议

针对上述问题，企业在处理员工社保和工伤问题时，应该采取以下措施（如图 2-4 所示）：

图 2-4 处理社保和工伤问题的三项措施

1. 及时为员工购买社保。根据《中华人民共和国社会保险法》和劳动法规的规定，企业应在员工入职后的一个月内为其购买社保。这不仅是法律要求，也是企业为员工提供基本保障的体现。尤其是在高风险岗位，及时购买社保尤为重要。社保能够在员工因工伤或职业病导致的损害中提供一定的经济保障，从而降低企业的赔偿责任。在小芳的案例中，如果茶具厂在其入职时及时为其购买了社保，公司的赔偿责任和经济负担都会大大减轻。

2. 在劳动合同中明确社保相关条款。企业应在劳动合同中详细规定社保的购买条款，包括试用期内的社保购买问题。这些条款应包括社保的种类、缴纳基数、缴纳比例，以及员工离职或转正后的社保处理方式。

明确的合同条款不仅可以减少劳动争议，也可以帮助企业和员工在发生工伤等意外时有据可依，依法依规处理相关事宜。

3. 可以为员工购买补充保险。为了进一步降低潜在的法律和经济风险，企业可以考虑为员工购买商业保险，如雇主责任险。这类保险可以在社保的基础上提供额外的保障，尤其是在面对高额的工伤赔偿时，能够帮助企业分担经济压力。对于特殊员工群体（如退休返聘员工、实习生等），企业还可根据各省的特别法律规定，选择适当的工伤社会保险措施，确保用工合法合规。

总结提示

通过上述分析与建议，企业可以看到，及时为员工购买社保不仅是法律的要求，也是保护员工权益和减少企业风险的有效措施。购买社保可以为员工提供医疗、养老等基本保障，减少因工伤、疾病等意外情况导致的经济损失。

相关法律链接

1. 试用期内需缴纳社保。

《中华人民共和国社会保险法》

第五十八条规定，用人单位应当自用工之日起三十日内为其职工向社会保险经办机构申请办理社会保险登记。

（该条无明确区分员工是否处于试用期，因此，从员工入职之日起，无论是否处于试用期，用人单位均应为员工缴纳社会保险费。）

2. 社保不是可选福利，而是法定权益。

《中华人民共和国社会保险法》

第二条规定，国家建立基本养老保险、基本医疗保险、工伤保险、失业保险、生育保险等社会保险制度，保障公民在年老、疾病、工伤、失业、生育等情况下依法从国家和社会获得物质帮助的权利。

（这表明社会保险属于劳动者的基本权利，用人单位有义务为其提供社会保障。）

3. 企业不缴纳社保，要负法律责任。

《中华人民共和国社会保险法》

第八十六条规定，用人单位未按时足额缴纳社会保险费的，由社会保险费征收机构责令限期缴纳或者补足，并自欠缴之日起，按日加收万分之五的滞纳金；逾期仍不缴纳的，由有关行政部门处欠缴数额一倍以上三倍以下的罚款。

（说明用人单位逃避缴纳社保会面临严重法律后果。）

《关于单位从业的灵活就业劳动者等特定人员参加工伤保险的办法（试行）》（广东省）

第二条规定，在我省行政区域内的各类企业、国家机关、事业单位、社会团体、民办非企业单位、基金会、律师事务所、会计师事务所、村（社区）党组织委员会、村（居）民委员会等组织和以单位形式参保的个体工商户（以下简称从业单位）可按照本办法的规定为其使用的第三条规定的灵活就业劳动者等特定人员单项参加工伤保险、缴纳工伤保险费，其参保人员按照本办法的规定享受工伤保险待遇。

第三条规定，本办法所指在从业单位工作且未建立劳动关系的灵活就业劳动者等特定人员（以下简称从业人员）主要包括：

（一）超过法定退休年龄人员（包括已享受和未享受城镇职工基本养老保险待遇人员）；

（二）已享受一级至四级工伤伤残津贴或病残津贴人员；

（三）实习学生（包括签订三方实习协议或自行联系实习单位的实习学生和从业单位使用的勤工助学学生、未建立劳动关系的学生学徒等）；

（四）单位见习人员；

（五）在家政服务机构从业的家政服务人员；

（六）通过互联网平台注册，互联网营销师或者提供网约车、外卖、配送等劳务的新就业形态劳动者（以下简称新业态从业人员）；

（七）基层快递网点的从业人员（包括从事快递收寄、分拣、运输、投递和查询等服务）；

（八）依托交通运输公司开展运输业务的运营车辆司机和乘务人员；

（九）村（社区）党组织书记、副书记、委员，村（居）民委员会主任、副主任、委员等以及有关工作人员（本项目人员以下简称村（社区）从业人员）；

（十）国家规定可以参加工伤保险的其他从业人员。

第四讲 入职表填写：入职表内容不属实，能否解除劳动关系？

在劳动用工关系中，入职表的填写是招聘流程中至关重要的一环。它不仅记录了应聘者的基本信息，还涉及过往工作经历、职位、薪资等重要内容。然而，当入职表内容填写不属实时，用人单位是否有权据此解除劳动关系呢？对此问题，如果用人单位处理不当，则容易引发用工纠纷。

案例场景

2020年2月，小张应聘A厨具公司前台人员，并详细填写了《入职登记表》，内容包括了小张过往工作经历、就职单位、职位、工作年限、薪资待遇及奖惩情况等，同时，小张签署了一份《承诺书》，保证小张所填信息及提供材料真实有效，且同意公司做背景调查，并确认若信息不实，公司有权无偿解除劳动合同。

2021年9月，A厨具公司从其他员工处得知，小张在《入职登记表》上记载的上一家工作单位的工作待遇及职位内容，与小张实际情况并不相符。

公司认为，小张《入职登记表》登记内容虚假，公司因此遭受欺诈。于是，公司根据小张签署的《承诺书》，解除了与小张的劳动合同。没想到，随后小张就起诉了A公司，劳动仲裁委裁决为A公司违法解除劳动合同。

问题分析

上述案例中，小张的行为是否足以成为A公司解除劳动合同的合法依据呢？

具体分析如下：

首先，根据《中华人民共和国劳动合同法》的相关规定，欺诈的认定要求一方当事人故意告知虚假情况或故意隐瞒真实情况，且该行为需诱使对方当事人作出错误的意思表示。

在本案中，小张虽在《入职登记表》中对过往薪资待遇及职位的描述与实际存在一定出入，但劳动仲裁委需评估这种出入是否构成故意欺诈，并考察其是否对A公司作出录用决定产生了决定性影响。

其次，劳动仲裁委要考虑岗位特性与薪资标准的设定。

小张应聘的是前台文员，A公司在录用时，并未对该岗位应聘者的过往履历提出特殊要求。同时，薪资标准通常由公司根据岗位性质及自身薪资结构体系设定，而非完全依据应聘者的过往薪资水平。因此，即便小张填写的薪资有所出入，劳动仲裁委认为这一瑕疵并不足以对公司录用小张产生决定性影响。

最后，劳动仲裁委还审查了A公司的审查责任。

A 公司在小张入职前及入职后长达一年多的时间里，完全有机会且应当对其履历进行核实，但 A 公司并未采取行动。直到一年多后才以此为由提出异议，这削弱了 A 公司主张的合理性。

所以，最后劳动仲裁委认定 A 公司主张欺诈的证据不足，其解除劳动合同的行为构成违法解除。根据《中华人民共和国劳动合同法》的相关规定，用人单位违法解除劳动合同的，应当向劳动者支付赔偿金。故劳动仲裁委裁决 A 公司应向小张支付违法解除劳动合同的赔偿金。

解决建议

如何预防员工入职表内容填写不属实引发的法律纠纷呢？可参考以下解决建议：

1. 加强入职审查。

企业在招聘过程中，应建立完善的入职审查机制，包括但不限于：

（1）身份核验：通过身份证复印件、学信网查询等方式验证应聘者的基本信息。

（2）工作经历核实：通过电话访谈、背景调查公司等方式，核实应聘者的工作履历、薪资水平等关键信息。

（3）承诺书制度：要求应聘者签署承诺书，明确保证提供信息的真实性，并约定虚假信息的法律后果。

2. 明确录用条件。

企业应在招聘广告及录用通知中明确岗位要求及录用条件，并在劳动合同或入职文件中予以体现，确保新员工知晓并接受且在员工手册或奖惩制度中体现上述行为属于严重违纪可解除的情形。同时，对于不符合录用条件的员工，企业有权依据合同约定解除劳动合同，且无需支付经济补偿。

3. 完善合同解除程序。

若发现员工存在欺诈行为，企业在决定解除劳动合同时，应遵循合法程序（如图 2-5 所示）：

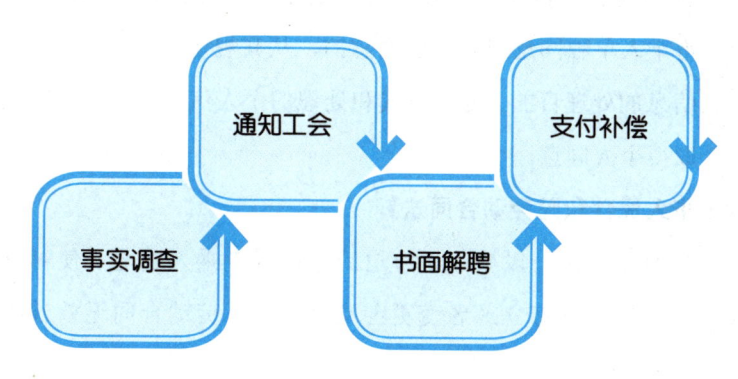

图 2-5　因员工欺诈而解除劳动合同的合法程序

（1）事实调查：收集充分证据，证明员工存在欺诈行为。

（2）通知工会：依法应通知工会的，须事先通知并取得工会意见。

（3）书面解聘：向员工发出书面解除劳动合同通知书，明确解除原因及法律依据。

（4）支付补偿：若不是法定解除情形，公司就须按法律规定支付经济补偿金。

相关法律链接

《中华人民共和国个人信息保护法》

第十三条规定，符合下列情形之一的，个人信息处理者方可处理个人信息：

（一）取得个人的同意；

（二）为订立、履行个人作为一方当事人的合同所必需，或者按照依法制定的劳动规章制度和依法签订的集体合同实施人力资源管理所必需。

第十四条规定，基于个人同意处理个人信息的，该同意应当由个人在充分知情的前提下自愿、明确作出。法律、行政法规规定处理个人信息应当取得个人单独同意或者书面同意的，从其规定。

个人信息的处理目的、处理方式和处理的个人信息种类发生变更的，应当重新取得个人同意。

《中华人民共和国劳动合同法》

第二十六条规定，以欺诈、胁迫的手段或者乘人之危，使对方在违背真实意思的情况下订立或者变更劳动合同的，劳动合同无效或者部分无效。

第四十八条规定，用人单位违反本法规定解除或者终止劳动合同，劳动者要求继续履行劳动合同的，用人单位应当继续履行；劳动者不要求继续履行劳动合同或者劳动合同已经不能继续履行的，用人单位应当依照本法第八十七条规定支付赔偿金。

第八十七条规定，用人单位违反本法规定解除或者终止劳动合同的，应当依照本法第四十七条规定的经济补偿标准的二倍向劳动者支付赔偿金。

《就业服务与就业管理规定》

第十三条规定，用人单位应当对劳动者的个人资料予以保密。公开劳动者的个人资料信息和使用劳动者的技术、智力成果，须经劳动者本人书面同意。

第三章　劳动合同

第一讲　合同误区：签订了劳务合同，就不是劳动关系？

很多中小企业的老板认为，只要签订了劳务合同，就不再属于劳动关系了。然而，这种认知是错误的。劳务合同和劳动合同，虽然在形式上有所不同，但并不意味着签订了劳务合同，就自动排除了劳动关系的可能性。

案例场景

张老板是一家小型装修公司的负责人。为了节省成本，他与几位工人签订了劳务合同，而非劳动合同。合同中规定，工人按照完成的工作量获得报酬，不涉及社会保险、带薪休假等福利。

张老板与工人们签署的劳务合同中明确了工作内容、报酬计算方式等条款。之后，张老板就开始安排这些工人干活，而工人们在张老板的安排下，按照公司的时间表和工作要求进行装修工作。

突然有一天，一名工人在工作过程中不慎受伤，需要长期休养。由于受伤不能工作了，受伤工人要求张老板支付医疗费用和工伤赔偿。

而张老板认为双方签订的是劳务合同，不存在劳动关系，因此，拒绝支付工伤赔偿。

万般无奈下，工人将张老板告上法庭，法院审理后认为，尽管双方签订的是劳务合同，但工人实际上接受张老板的管理和指挥，存在劳动关系的特征，因此，判决张老板应支付工伤赔偿。

问题分析

上述案例中，张老板与受伤工人产生纠纷，主要原因如下：

1. 误区识别。张老板认为签订劳务合同就不属于劳动关系了，这是一个典型的认知误区。

2. 劳动关系特征。尽管合同名称为劳务合同，但工人实际上接受张老板的管理和指挥，符合劳动关系的特征。

3. 法律适用。法院根据实际情况，适用劳动法的相关规定，判决张老板应承担相应的责任。

通过这个案例，我们可以看到，即使签订了劳务合同，如果实际工作关系符合劳动关系的特征，法院仍然可能认定存在劳动关系。

因此，企业老板在签订合同时，应充分考虑实际情况，合理选择合同类型，并确保合同内容的合法性和合理性，以避免产生不必要的法律纠纷。同时，企业和员工也应加强对劳动法等相关法律法规的学习和理解，提高自身的法律意识和风险防范能力。

那么，如何界定劳务关系和劳动关系呢（如图3-1所示）？

1. 合同性质。劳务合同通常指的是一方提供劳务，另一方支付报酬的合同。而劳动合同则是指劳动者与用人单位之间建立的劳动关系，涉及工资、工时、休息休假、社会保险等多方面的权利和义务。

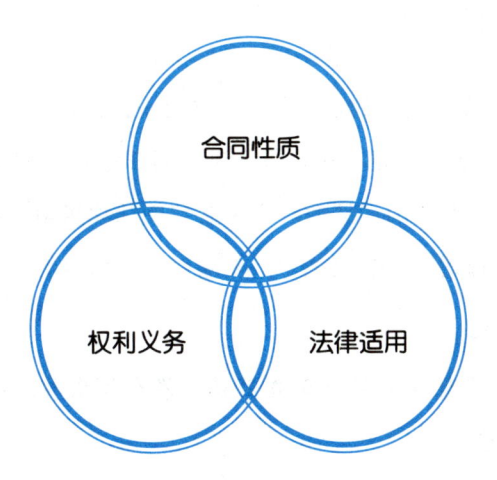

图 3-1　界定劳务与劳动关系的三个方面

2. 权利义务。劳务合同的权利义务相对简单，主要集中在劳务的提供和报酬的支付上。而劳动合同则包含了更为复杂的权利义务关系，如用人单位对劳动者的管理和保护责任。

3. 法律适用。在实际操作中，即使签订了劳务合同，如果劳动者与用人单位之间符合实际的劳动关系特征，如劳动者接受用人单位的管理和指挥，那么法律上仍然可能认定双方存在劳动关系。

解决建议

实践中，应如何正确处理劳务合同与劳动合同呢？

1. 明确合同性质。企业在与劳动者签订合同时，应明确合同的性质，避免因合同名称的混淆而产生法律纠纷。

2. 合理设计合同条款。即使是劳务合同，也应合理设计合同条款，明确双方的权利和义务，避免因条款模糊而产生争议。

3. 遵守法律规定。无论签订何种合同，企业都应遵守劳动法等相关法律法规，保障劳动者的合法权益。

总结提示

总的来说，劳动关系的法律属性，不会因为老板选择签署的合同名称不同而有所改变，因此，中小企业老板们在经营过程中，应重视劳动关系的法律属性，避免因误解而产生不必要的法律风险。签订合同时，应根据实际情况选择适当的合同类型，并确保合同内容的合法性和合理性。

相关法律链接

《劳动和社会保障部关于确立劳动关系有关事项的通知》（劳社部发〔2005〕12号）

第一条规定，用人单位招用劳动者未订立书面劳动合同，但同时具备下列情形的，劳动关系成立。

（一）用人单位和劳动者符合法律法规规定的主体资格；

（二）用人单位依法制定的各项劳动规章制度适用于劳动者，劳动者受用人单位的劳动管理，从事用人单位安排的有报酬的劳动；

（三）劳动者提供的劳动是用人单位业务的组成部分。

（因此，即使签订劳务合同，同时符合以上三种情形，也可能存在劳动关系。）

第二讲　合同签订疏忽：劳动合同转正后再签，企业风险很大

在实践中，不少中小企业老板认为，在员工转正之后再签署劳动合同既节省了资源，也便于根据实际用工情况做出调整。然而，这样的做法实际上隐藏着巨大的风险。

案例场景

李总是一家电商公司的老板。这几年公司的生意发展得非常不错，团队人员也越来越多。随着人员的增加，人事管理成了李总头疼的大问题。

在一次招聘会上，李总认识了人力资源专员王经理。王经理处事灵活，沟通能力强，于是李总将他招聘为公司的人事专员，负责公司的人事管理、劳动合同的签署以及劳动用工的处理。

王经理入职后，忙于梳理公司的人事架构和招聘流程，却忽略了与自己签订劳动合同的事宜。而李总则把人事管理工作交给王经理后，自己专注于公司的其他事情。

一年过去了，王经理为公司招聘了很多人，但李总对新员工的表现并不满意，常对王经理发脾气。王经理找到李总，提到自己已经工作一年，却还未签劳动合同，并要求按双倍工资标准赔偿，按每月8000元计算，11个月共计8.8万元差额。

李总听后非常生气，认为签劳动合同是王经理的工作，现在还好意思来要钱。王经理觉得委屈，申请了劳动仲裁。最终，劳动仲裁支持了王经理的请求，李总只能赔偿8.8万元。

问题分析

上述案例之所以产生，主要原因如下：

1. 人事管理流程不完善。公司在招聘新员工时，没有严格执行劳动合同的签订流程。即使是人事专员本人，也没有遵守这一流程，导致劳动合同未及时签订。

2. 责任分工不清晰。李总将人事管理的所有工作完全交给王经理，但没有对具体职责进行明确分工和监督。虽然王经理负责签订劳动合同，但作为公司的管理者，李总也有责任确保所有员工的劳动合同都已签订。

3. 沟通不畅。李总和王经理之间缺乏有效的沟通。李总对新员工表现不满，却没有及时反馈给王经理，导致矛盾积累。王经理忙于工作，却忽视了自身劳动合同的签订问题，这也说明双方在工作中没有建立起有效的沟通机制。

4. 法律意识淡薄。李总和王经理都没有充分认识到劳动合同的重要性。王经理作为人事专员，却没有意识到与公司签订劳动合同的必要性。而李总则认为签劳动合同是王经理的工作，完全忽视了自己作为企业主的法律责任。

5. 管理制度不健全。公司的管理制度不够完善，尤其是在劳动合同的管理上缺乏明确的规章制度和检查机制，导致劳动合同未及时签订，从而引发法律纠纷。

6. 对员工工作缺乏监督。李总在将人事管理工作完全交给王经理后，自己专注于公司的其他事情，缺乏对王经理工作的监督和指导，导致王经理的工作出现疏漏。

总之，这个案例中的纠纷主要是由于公司在管理上的缺陷、责任分工不清、沟通不畅以及法律意识不足等多方面原因导致的。

如果企业未及时与员工签订劳动合同，还可能会面临以下法律风险及法律后果（如图3-2所示）：

1. 支付双倍工资差额。根据《中华人民共和国劳动合同法》第八十二条的规定，用人单位自用工之日起超过一个月不满一年未与劳动者订立书面劳动合同的，应当向劳动者每月支付二倍的工资。

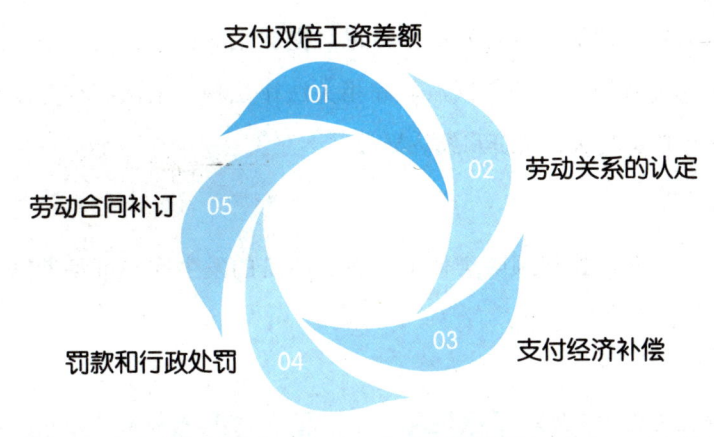

图 3-2 未及时签订劳动合同的风险

2. 劳动关系的认定。在未签订劳动合同的情况下，劳动关系依然成立。根据《中华人民共和国劳动合同法》第七条的规定，用人单位未与劳动者订立书面劳动合同，但存在事实劳动关系的，应当视为用人单位与劳动者已建立劳动关系。

3. 支付经济补偿。如果用人单位未及时签订劳动合同，且拖欠工资的，劳动者可以随时解除劳动关系，并根据《中华人民共和国劳动合同法》第四十六条和第四十七条的规定，要求用人单位支付经济补偿。

4. 罚款和行政处罚。根据《中华人民共和国劳动合同法》第十四条和第八十二条的规定，用人单位未与劳动者订立书面劳动合同超过一年的，应当向劳动者支付双倍工资并承担相应的法律责任。劳动行政部门还可以依据《劳动保障监察条例》进行罚款和其他行政处罚。

5. 劳动合同补订。根据《中华人民共和国劳动合同法》第十条的规定，用人单位自用工之日起一个月内，应当与劳动者订立书面劳动合同。如果用人单位没有在法定期限内与劳动者签订劳动合同，劳动者有权要求用人单位补签劳动合同。

以上列举的法律风险和法律后果，提醒企业在用工过程中务必遵守《中华人民共和国劳动合同法》和相关法律法规，依法签订劳动合同，以避免不必要的法律纠纷和经济损失。

解决建议

作为企业，如何预防类似上述案例纠纷的发生呢？可参考以下解决建议（如图3-3所示）：

建立健全的劳动合同管理制度	完善入职流程和检查机制
加强法律培训和意识提升	加强内部沟通与协作
设立专门的合同管理岗位	法律咨询和外部监督

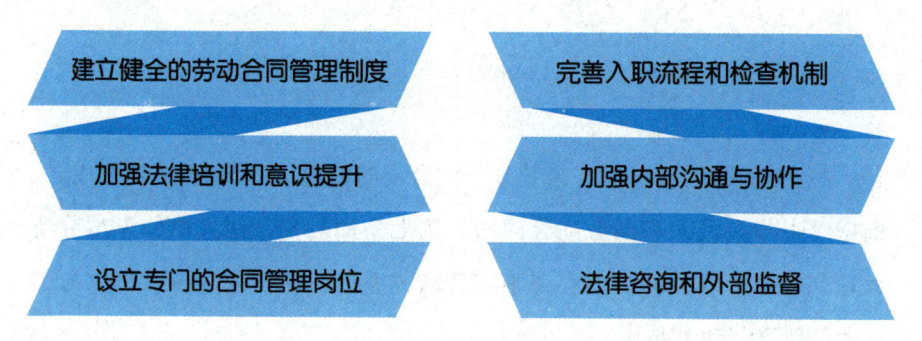

图3-3 预防未签劳动合同风险的六个建议

1. 建立健全的劳动合同管理制度。公司应当制定并实施完善的劳动合同管理制度，包括明确劳动合同签订的时间节点和流程，确保在员工入职时即与其签订劳动合同，避免因延误带来的法律风险。

2. 加强法律培训和意识提升。定期组织管理层和员工进行劳动法培训，增强他们对劳动合同重要性的认识。特别是针对管理者和人事负责人，应进行深入的法律知识培训，使其充分了解劳动合同的法律保护作用及其重要性。

3. 设立专门的合同管理岗位。公司可以设立专门的劳动合同管理岗位，负责劳动合同的签订、续签和管理工作。确保每一位新入职员工都能在规定时间内签订劳动合同，避免因疏忽导致的法律纠纷。

4. 完善入职流程和检查机制。在入职流程中，设立明确的劳动合同签订环节，确保每一个环节都有专人负责和监督。同时，建立定期检查机制，对劳动合同的签订情况进行检查和审核，确保制度执行到位。

5. 加强内部沟通与协作。促进公司内部各部门之间的沟通与协作，尤其是高层管理者与人事部门之间的信息交流。通过定期会议和信息共享，确保管理层及时了解用工情况，并做出相应的决策和调整。

6. 法律咨询和外部监督。聘请法律顾问，定期对公司的用工管理制度进行审查和评估，提出改进建议。同时，接受外部监督，确保公司在劳动用工方面的合法合规操作。

通过建立健全的管理制度、加强法律意识和内部沟通，李老板和王经理的公司就可以有效预防未及时签订劳动合同的问题。同时，通过设立专门的合同管理岗位和完善的检查机制，可以确保劳动合同管理的规范化和制度化，降低法律风险，维护企业和员工的合法权益。

总结提示

由此可见，签署劳动合同，不单纯是保护员工，同时也是在保护企业的。

相关法律链接

1. 支付双倍工资差额。

《中华人民共和国劳动合同法》

第八十二条规定，用人单位自用工之日起超过一个月不满一年未与劳动者订立书面劳动合同的，应当向劳动者每月支付二倍的工资。

用人单位违反本法规定不与劳动者订立无固定期限劳动合同的，自应当订立无固定期限劳动合同之日起向劳动者每月支付二倍的工资。

2. 劳动关系的认定。

《中华人民共和国劳动合同法实施条例》

第六条规定，用人单位自用工之日起超过一个月不满一年未与劳动者订立书面劳动合同的，应当依照劳动合同法第八十二条的规定向劳动者每月支付两倍的工资，并与劳动者补订书面劳动合同；劳动者不与用人单位订立书面劳动合同的，用人单位应当书面通知劳动者终止劳动关系，并依照劳动合同法第四十七条的规定支付经济补偿。

3. 支付经济补偿。

《中华人民共和国劳动合同法》

第四十六条规定，有下列情形之一的，用人单位应当向劳动者支付经济补偿：

（一）劳动者依照本法第三十八条规定解除劳动合同的；

（二）用人单位依照本法第三十六条规定向劳动者提出解除劳动合同并与劳动者协商一致解除劳动合同的；

（三）用人单位依照本法第四十条规定解除劳动合同的；

（四）用人单位依照本法第四十一条第一款规定解除劳动合同的；

（五）除用人单位维持或者提高劳动合同约定条件续订劳动合同，劳动者不同意续订的情形外，依照本法第四十四条第一项规定终止固定期限劳动合同的；

（六）依照本法第四十四条第四项、第五项规定终止劳动合同的；

（七）法律、行政法规规定的其他情形。

第四十七条规定，经济补偿按劳动者在本单位工作的年限，每满一年支付一个月工资的标准向劳动者支付。六个月以上不满一年的，按一年计算；不满六个月的，向劳动者支付半个月工资的经济补偿。

劳动者月工资高于用人单位所在直辖市、设区的市级人民政府公布的本地区上年度职工月平均工资三倍的，向其支付经济补偿的标准按职工月平均工资三倍的数额支付，向其支付经济补偿的年限最高不超过十二年。

4. 劳动合同补订。

《中华人民共和国劳动合同法》

第十条规定，建立劳动关系，应当订立书面劳动合同。

已建立劳动关系，未同时订立书面劳动合同的，应当自用工之日起一个月内订立书面劳动合同。

第三讲　劳动合同陷阱：劳动合同细节写错，企业损失惨重

实践中，很多老板对劳动合同细节的重要性认识不足，忽视了合同中对工资构成、工作时间和地点的具体规定；加上老板缺乏对劳动法规的基本了解，未能在合同中合理、合法地明确各项权利和义务。结果，企业在劳动用工纠纷中，往往因证据不足败诉，导致经济损失。

案例场景

黄老板经营着一家家具公司，聘用了木某作为车皮员工，约定每月保底工资1万元。在签订劳动合同时，双方同意每月工作26天，保底工资1万元（正常时间基本工资）。

木某工作了一年左右，但由于市场下滑，家具公司订单减少，黄老板决定将木某的工资调整为按件计算，这样木某的月工资就会低于1万元。木某对此非常不满，认为黄老板违背了当初的约定，遂向劳动仲裁委申请仲裁，要求家具公司支付4万多元的加班费。

最终，由于劳动合同上明确写着"保底工资1万元（正常时间基本工资）"，且没有另外约定加班费，劳动仲裁委以1万元为基数计算加班工资，裁定家具公司需向木某支付4万多元的加班费。

黄老板对此结果感到困惑，认为公司已经按时支付了木某工资，而在经济不景气的情况下调整工资也是合理的，为什么还需要支付额外的加班费？

问题分析

黄老板明明每个月都支付了1万元给木某，为什么还要额外支付加班费呢？很多人会觉得黄老板很冤！而实践中，许多企业主都会犯黄老板这样的错误，主要原因有以下几点：

1. 对法律和工资结构理解不足。许多老板对劳动法规定的工资构成缺乏充分理解，例如基本工资、加班费等。这种理解不足可能导致企业在支付员工工资时出现不合规的情况，从而增加企业的法律风险。

2. 招聘难导致企业让步。在实际操作中，许多企业面临招工难的问题，所以在招聘到员工后，不得不做出一些让步，比如本案例中的提供"保底工资"。

3. 工资表和劳动合同管理混乱。许多中小企业在工资表的制订和劳动合同的签订上存在问题。例如，黄老板在劳动合同中规定每月工作26天，但未明确加班费的计算方式。根据法律规定，员工月计薪天数为21.75天，每天工作8小时，超过的工作时间应算作加班。

但许多老板认为，给了这么多工资就应该包括了加班工资，实际上劳动仲裁委一般认为基本工资只是正常工作时间的工资，从而在加班费争议中，企业无法举证已经支付了加班费，因此而败诉。

解决建议

企业如何避免因劳动合同疏忽产生的法律风险呢？以下解决建议可供参考（如图3-4所示）：

图3-4 避免劳动合同疏忽的三个建议

1. 明确工资构成和工作地点。在签署劳动合同时，应详细写明工资构成，包括基本工资、加班费的计算方式及其他应付工资。此外，还要明确员工的工作地点，以免公司更换办公地点时，员工不愿去新地点工作，从而导致纠纷。

2. 合同条款要合理合法。合同条款应让员工感到公平，同时符合国家法律规定。工资单需员工签字确认，这样双方心中有数，工资支付明明白白。

3. 找律师审查合同及工资表。设计劳动合同涉及劳动法规专业知识，最好请专业律师审查合同和工资表，以免出现问题。此外，签订后的合同应妥善保管，以备不时之需。

总结提示

劳动合同的漏洞，就是企业的漏洞，一定要及时修补。所以，签订劳动合同时，老板们一定要认真对待，合同内容要清晰、合理、合法，可以找专业律师协助审查。同时，妥善保管好签订后的合同，以减少日后的纠纷。

第二篇

员工在职篇

第四章　用工管理

第一讲　女性用工特殊问题：女员工入职与怀孕承诺书的效力

有些企业老板认为，招聘员工真是令人头疼，以女员工为例，如果她们一入职就怀孕，很快就要休产假。所以，有些老板在女员工入职时就提前说明不允许怀孕，并要求女员工签订承诺书，认为这样做的话，日后女员工怀孕了，就可以解除双方劳动关系，且不用给予补偿。其实，这样的做法既违法，也严重侵害了女员工的合法权益，损害了企业的声誉和社会形象。

案例场景

李老板经营着一家科技公司，由于研发需求，他决定对外招聘工程师。小王是一位才华横溢且刚刚结婚的女工程师，她梦想在事业上取得成就，于是向李老板公司投递了技术工程师岗位的简历。

李老板在看到小王的简历后，非常欣赏她的才华，决定以20000元的月薪聘请她担任技术工程师。但他考虑到研发周期，提出希望小王在入职后的两年内不要怀孕的要求。

小王衡量了高薪和未来的工作前景，毫不犹豫地答应了李老板的要求，并签订了一份《不怀孕承诺书》，保证入职后两年内不怀孕，如有违反，公司可以解除劳动关系且不支付任何赔偿。

然而，生活总有意外，小王入职一个月后就怀孕了。李老板得知后，认为小王违反了承诺书的约定，立即向她发出了解雇通知书。小王认为即使怀孕也不影响工作，且被解除劳动关系后难以找到新工作，为维护自己的权益，她向劳动仲裁委提出仲裁请求，要求公司支付违法解除劳动关系的赔偿金和女职工三期待遇。

在仲裁庭上，李老板辩称小王违反了承诺书，公司解雇她符合双方约定，因此，拒绝支付任何赔偿。最终，劳动仲裁委裁决公司违法解除劳动合同，要求赔偿小王三期待遇，赔偿金额不是小数目。

问题分析

在实践中，怀孕女员工确实给企业带来了不少挑战，因此，有些企业在招聘时希望通过提前约定排除女员工怀孕的风险。然而，这样的做法是否合法呢？

首先，根据《中华人民共和国就业促进法》，用人单位不得限制女员工结婚和生育。根据第二十七条规定，劳动合同中不得包含限制女职工结婚、生育的内容。因此，企业询问女员工是否怀孕或要求签订《不怀孕承诺书》都是无效的。

其次，女员工入职后怀孕，可能无法正常工作，企业需要寻找其他员工代替，导致用工成本增加。这往往使得一些企业对怀孕女员工产生抵触情绪。

最后，法律对怀孕女员工的解雇有严格限制。只有在女员工严重违规、试用期不符合录用条件或构成刑事犯罪的情况下，企业才能解除其劳动合同。因此，企业在处理怀孕女员工问题时必须遵循法律规定。

解决建议

针对怀孕女员工带来的用工风险，企业可以采取以下措施（如图 4-1 所示）：

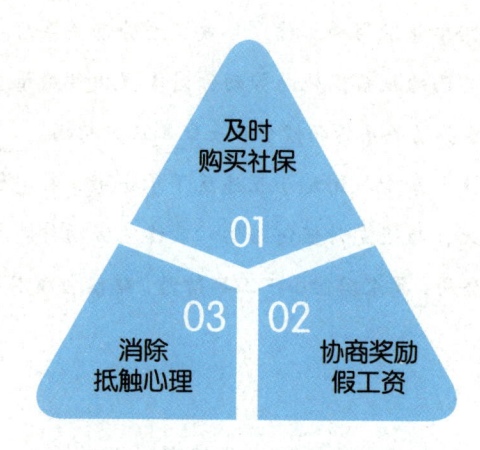

图 4-1　应对怀孕女员工的三项措施

1. 及时购买社保。企业应及时为怀孕女员工购买社保，通过社保解决生育津贴等问题，分担部分费用，减轻企业的负担和成本。

2. 协商奖励假工资。企业可以与怀孕女员工协商奖励假期间的工资，若女员工同意放弃部分工资，可以按协商结果发放奖励假工资。

3. 消除抵触心理。企业应转变对怀孕女员工的态度。国家生育政策鼓励生育，若人口减少，未来劳动力供给会受到影响。善待怀孕女员工不仅是企业社会责任的一部分，也有助于企业长远发展。

企业通过及时购买社保、协商奖励假工资和消除抵触心理，可以有效预防和管理怀孕女员工带来的用工风险。

总结提示

再次提醒，企业要求签订的违法承诺书即使有员工的签字也无效，女员工的合法权益不容侵犯。企业应遵循法律规定，妥善处理怀孕女员工的相关问题，以确保企业和员工的双赢。

相关法律链接

《中华人民共和国劳动合同法》

第四十二条规定，女职工在孕期、产期、哺乳期的，用人单位不得依照本法第四十条、第四十一条的规定解除劳动合同。

第四十八条规定，用人单位违反本法规定解除或者终止劳动合同，劳动者要求继续履行劳动合同的，用人单位应当继续履行；劳动者不要求继续履行劳动合同或者劳动合同已经不能继续履行的，用人单位应当依照本法第八十七条规定支付赔偿金。

第八十七条规定，用人单位违反本法规定解除或者终止劳动合同的，应当依照本法第四十七条规定的经济补偿标准的二倍向劳动者支付赔偿金。

《中华人民共和国就业促进法》

第二十七条规定，国家保障妇女享有与男子平等的劳动权利。

用人单位招用人员，除国家规定的不适合妇女的工种或者岗位外，不得以性别为由拒绝录用妇女或者提高对妇女的录用标准。

用人单位录用女职工，不得在劳动合同中规定限制女职工结婚、生育的内容。

《女职工劳动保护特别规定》

第五条规定，用人单位不得因女职工怀孕、生育、哺乳降低其工资、予以辞退、与其解除劳动或者聘用合同。

《就业服务与就业管理规定》

第十六条规定，用人单位在招用人员时，除国家规定的不适合妇女从事的工种或者岗位外，不得以性别为由拒绝录用妇女或者提高对妇女的录用标准。

用人单位录用女职工，不得在劳动合同中规定限制女职工结婚、生育的内容。

第二讲 临时工风险：如何规避临时工带来的法律风险？

一些老板误以为，临时工无需享有与正式员工相同的劳动权益，这种错误观念可能导致发生严重的法律问题。他们忽视了与临时工签订正式书面合同的重要性，认为临时工随时可以解雇而无需支付赔偿。这种行为不仅违反劳动法规，还可能引发劳动纠纷，增加企业法律风险。

案例场景

李老板是一家家具公司的老板，他的公司在广东小有名气。有一回，他接到了一个大订单，时间紧任务重，就想着找些临时工来帮忙。他在朋友圈和网上发出招聘通知，很快就找到了20个愿意来帮忙的工人。

这些工人大多是农村来的，读书不多，对城里的规矩也不太了解。李老板心想，反正就是干几天的活，完事就各回各家，于是他就和工人们口头上说了说与工作相关的事，大家就热火朝天地干起来了。

可谁知，第二天就出事了。一个工人操作机器的时候，一不留神，整个手臂都被机器卷进去了，差点连命都没了。幸好及时送到医院，工人的命是保住了，但手臂没保住。

受伤工人的家人知道了，伤心得不得了，他们找到李老板，要求他出所有的医疗费，还得给一笔赔偿。李老板却觉得："咱们又没签合同，我凭啥要出这个钱？"两边就这么吵起来了，最后这事还闹上了法庭。

最后法院认为，李老板虽然没和这个临时找来的工人签合同，但双方之间是有事实劳动关系的，所以，李老板的公司要负责工人的工伤赔偿。最后，李老板赔了工人30万元工伤赔偿金。

李老板觉得自己有些倒霉，找了个临时工过来上班，才两天，自己就赔了30万元。

问题分析

上述案例的发生，主要有以下三点原因：

1. 法律意识不足，导致合同缺失。李老板未能认识到与临时工签订书面劳动合同的重要性。他错误地将临时工视为一种非正式的劳务关系，认为口头协议已足够，忽视了法律对劳动关系的规定。这种法律意识的淡薄，不仅使他在工伤事故发生时难以明确责任，还导致了企业面临高额的经济赔偿和声誉风险。

2. 工伤保险缺失，增加经济负担。案例中，李老板没有为临时工购买工伤保险，这在员工发生工伤时带来了巨大的经济压力。工伤保险是企业转移风险、保障员工权益的重要手段。李老板的疏忽不仅使企业在经济上遭受损失，还可能因处理不当，引发员工及家属的不满和法律诉讼，进一步加剧了企业的经营风险。

3. 职业培训与劳动安全措施不到位。李老板在招聘临时工后，未能提供必要的职业培训和劳动安全教育，尤其是对于那些不熟悉工作环境及流程的工人。这种培训的缺失不仅增加了工伤事故的发生概率，也反映出企业在劳动保护和安全生产方面的不足。企业应重视对所有工人，包括临时工的安全教育，确保他们了解并遵守工作场所的安全规程。

李老板的案例，揭示了企业在临时工管理上的三大问题：合同签订的法律意识不足、工伤保险的缺失，以及职业培训与劳动安全措施的不到位。这些问题的存在不仅给企业带来了直接的经济损失，也可能对企业的声誉和市场地位造成长期的负面影响。

解决建议

那作为企业老板，应该如何降低临时工带来的用工风险呢？以下三点建议可供参考（如图 4-2 所示）：

01　签订专业劳动合同

02　采用劳务外包或派遣

03　强化劳动安全与职业培训

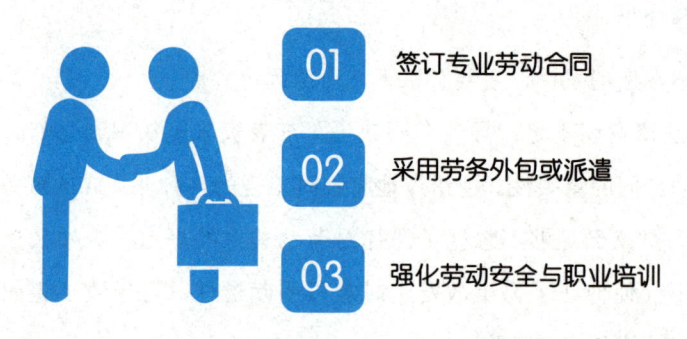

图 4-2　降低临时工风险的三点建议

1. 签订专业劳动合同。法律上，并没有"临时工"的说法。而实践中，人们常说的"临时工"，其实就是短期工，或小时工，或完成一定工作任务的员工，企业应当与这类型员工签订《短期劳动合同》，或者《小时工合同》，或者以完成一定工作任务为条件的劳动合同。

为避免因合同不明确而产生的法律纠纷，企业应在专业律师的指导下根据实际用工情况定制及签订这些合同，而且，合同中还应明确工作时长、工资支付方式、工作职责及工伤责任等关键条款。

2. 采用劳务外包或派遣。如果存在季节性用工需求，或短期用工需求，企业可以考虑采用劳务外包或劳务派遣的用工方式。这样，企业可以将这种类型的员工的劳动关系和相应的社保、工伤风险转移给劳务公司，从而降低企业自身的用工风险。同时，劳务公司通常会负责对派遣员工进行管理和社保缴纳，帮助企业减轻管理负担。

3. 强化劳动安全与职业培训。由于临时招聘使用的员工，对于企业的工作环境、工作操作规范流程不熟悉，因此，企业应对这些员工进行安全教育和技能培训，这样也有助于预防或减少工伤事故的发生，保障员工权益。

企业在管理临时招聘使用的员工时，应重视合同的专业性、用工方式的灵活性，以及劳动安全与技能培训的必要性。通过这些措施，企业可以在满足短期用工需求的同时，有效降低用工风险，同时还能保障企业和员工双方的合法权益。

总结提示

临时用工，规范先行，规避风险，企业长青。企业在使用临时工时，务必遵守相关法律法规，确保所有员工的合法权益，以减少不必要的法律风险和经济损失。

相关法律链接

《中华人民共和国劳动法》

第二条规定，在中华人民共和国境内的企业、个体经济组织（以下统称用人单位）和与之形成劳动关系的劳动者，适用本法。

第三条规定，劳动者享有平等就业和选择职业的权利。

第十六条规定，建立劳动关系，应当订立劳动合同。

《中华人民共和国劳动合同法》

第十条规定，建立劳动关系，应当订立书面劳动合同。

第五十八条规定，劳务派遣单位应当与被派遣劳动者订立二年以上的固定期限劳动合同，按月支付劳动报酬；被派遣劳动者在无工作期间，劳务派遣单位应当按照所在地人民政府规定的最低工资标准,向其按月支付报酬。

第七十二条规定,非全日制用工小时计酬标准不得低于用人单位所在地人民政府规定的最低小时工资标准。

非全日制用工劳动报酬结算支付周期最长不得超过十五日。

《劳动部办公厅对〈关于临时工等问题的请示〉的复函》(劳办发〔1996〕238号)

第一条规定,关于是否还保留"临时工"的提法问题。《劳动法》施行后,所有用人单位与职工全面实行劳动合同制度,各类职工在用人单位享有的权利是平等的。因此,过去意义上相对于正式工而言的临时工名称已经不复存在。用人单位如在临时性岗位上用工,应当与劳动者签订劳动合同并依法为其建立各种社会保险,使其享有有关的福利待遇,但在劳动合同期限上可以有所区别。

《劳动和社会保障部关于确立劳动关系有关事项的通知》(劳社部发〔2005〕12号)

第一条规定,用人单位招用劳动者未订立书面劳动合同,但同时具备事实劳动关系情形的,劳动关系成立。

(上述的法律条文和政策,反映了我国对于"临时工"的法律规定,明确了用人单位与临时工之间应当订立书面劳动合同,确保临时工也享有与正式员工相等的权利和保护。)

第三讲 实习生风险:如何规避实习生带来的法律风险?

实践中,许多老板对于实习生的认知存在误区,认为实习生只是来学习的,给他们一个锻炼的机会,就可以当作低成本的劳动力。实际上,实习生管理不当可能会给企业带来巨大的法律风险。

案例场景

广东某电器厂的李老板，近期接到了一个大订单，兴奋不已。但由于人手不足，他决定招募几位大学实习生来帮助他完成订单。实习生中有一位叫小张的大学生，工作非常机敏，短时间内便掌握了工厂的各项操作技术。李老板对小张的工作表现非常满意，但未曾想到与小张签订保密协议。

实习期很快结束，小张面临两种选择：要么留在工厂继续工作，要么去其他公司获取更高的薪酬。经过一番考虑，小张选择了跳槽，并带走了工厂的重要技术秘密资料。

结果，李老板还未推出新产品，市场就被仿冒品抢先占领。此时，李老板才意识到没有与小张签订保密协议，导致工厂产生了巨大的损失。

问题分析

针对这一案例，我们可以发现该电器厂实习生管理中存在的几个主要风险点：

1. 未签署保密协议。李老板未与小张签订保密协议，导致小张在实习期间接触并带走了大量公司机密文件。保密协议是保障企业商业秘密的重要法律文件，明确双方在公司技术信息和商业秘密方面的权利义务。如果一方违反协议，另一方可以追究违约责任并要求赔偿损失。

2. 忽视实习生劳动关系的转变时间点。实习生在未领取毕业证前，属于实习生身份，签订的是实习协议。然而，实习生一旦领取毕业证，就具备了劳动法规中劳动者的权利和责任。如果企业继续聘用该实习生，则需要及时签订书面劳动合同，否则将被要求支付未签订劳动合同的二倍工资差额。此外，正式员工和实习生的待遇有所不同，正式员工需要购买五险一金，而广东省实习生的待遇则根据《广东省高等学校学生实习与毕业生就业见习条例》进行特别规定。

3. 未为实习生购买社保或人身伤害意外保险。在广东，企业应为实习生购买人身伤害意外保险。尽管实习生不被视为正式员工，但企业仍需为其购买工伤保险。如果实习生在实习期间发生工伤，企业将面临巨额赔偿，而购买社保可以承担部分工伤赔偿责任，减轻企业的经济负担。

解决建议

那么企业如何有效规避实习生管理中的法律风险呢？以下解决建议，可供参考（如图4-3所示）：

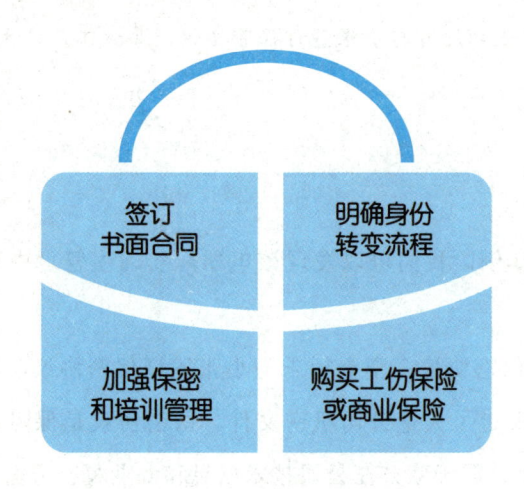

图4-3 规避实习生管理风险的四个建议

1. 签订书面合同。企业应与每位实习生签订书面实习合同，明确规定工作内容、工作时间、实习补贴标准、保密义务以及双方的权利和义务。合同中应特别注明实习生的身份界定及转变为正式员工的条件。

2. 明确身份转变流程。企业需要制订清晰的实习生身份转变流程，包括实习生转正的条件、程序和时间节点。定期审查实习生的工作状态，确保在实习生满足条件时及时进行身份转变。

3. 加强保密和培训管理。对于可能接触到企业核心机密的实习生，企业应要求其签订保密协议，并在实习期间提供必要的培训和指导。保密协议应详细规定实习生在实习期间及结束后的保密义务，确保企业机密不被泄露。

4. 购买工伤保险或商业保险。尽管实习生可能不被视为正式员工，但企业仍应为其购买工伤保险或人身伤害意外保险，以减轻因工伤事故带来的经济负担。

通过以上措施，企业可以有效规避实习生管理中的法律风险，同时为实习生提供一个安全、有序的工作环境，促进其职业成长，为企业培养潜在的优秀人才。

总结提示

实习生管理不仅是企业运营中的一部分，更是企业合规管理的重要环节。企业在招募和使用实习生时，应严格遵守劳动法规的相关规定，确保实习生的合法权益得到保障。而通过签订书面合同、明确身份转变流程、加强保密和培训管理以及购买工伤保险或商业保险，企业可以有效规避实习生带来的法律风险。

相关法律链接

《中华人民共和国劳动合同法》

第十条规定，建立劳动关系，应当订立书面劳动合同。已建立劳动关系，未同时订立书面劳动合同的，应当自用工之日起一个月内订立书面劳动合同。

第二十三条规定，用人单位与劳动者可以在劳动合同中约定保守用人单位商业秘密和与知识产权相关的保密事项。对负有保密义务的劳动者，用人单位可以在劳动合同或者保密协议中与劳动者约定竞业限制条款。劳动者违反竞业限制约定的，应当按照约定向用人单位支付违约金。

第八十二条规定，用人单位自用工之日起超过一个月不满一年未与劳动者订立书面劳动合同的，应当向劳动者每月支付二倍的工资。

《关于贯彻执行〈中华人民共和国劳动法〉若干问题的意见》

第十二条规定，在校生利用业余时间勤工助学，不视为就业，未建立劳动关系，可以不签订劳动合同。

《广东省高等学校学生实习与毕业生就业见习条例》

第十九条规定，学校组织学生在实习基地实习，学校、实习基地和实习学生应当签订三方实习协议，明确各方的权利、义务和责任。

第二十九条规定，实习协议确定的投保人，应当及时为学生办理意外伤害保险等相关保险。

第四讲　兼职工风险：如何规避兼职工带来的法律风险？

在企业实践中，不少老板认为，兼职工只是临时帮忙，与企业没有太多瓜葛。然而，这种错误的看法，会给企业带来巨大的法律风险。

案例场景

老李在广东一家家具厂担任电工工作。由于家庭开销太大，老李在家具厂附近的一家电器厂找了一份兼职，晚上担任电工。有一天，老李从家具厂下班后，在前往电器厂的路上，不小心被一辆大货车撞飞，当场死亡。老李的家属听说老李出了交通事故后，匆忙从老家赶到广东处理后事。

处理完毕后，家属们认为老李是家具厂和电器厂的员工，他的死亡是在上下班途中发生的，且事故责任非本人责任，属于工伤死亡。老李的家属要求白天上班的家具厂赔偿130万元，同时也要求晚上上班的电器厂赔偿130万元，共260万元。

白天上班的家具厂老板认为，老李是在去电器厂的路上出事的，责任应由电器厂或交通事故肇事方承担。电器厂老板则认为，老李那天并未到电器厂，而且他只是兼职工，与电器厂没有正式劳动关系，工伤死亡责任应由家具厂承担。

由于双方对责任归属相互推诿，老李的家属无奈之下向人社局申请工伤认定。

经过人社局调查，最终判定晚上上班的电器厂承担老李的工伤死亡赔偿责任。电器厂老板觉得冤屈，认为老李只是兼职工，为何要承担他的工伤责任呢？

问题分析

为什么是晚上的电器厂承担责任呢？

因为老李出事那天是在去上班的路上，不是下班回家的路上。上班的路上出事，就由准备去上班的企业承担责任；如果是下班回家的路上出事，则由刚刚下班的企业承担责任。

而在实践中，很多老板与电器厂的老板一样，认为兼职工并非正式员工，不需要签订劳动合同，也不属于劳动关系，不需要为其承担工伤责任。

然而，在老李的案例里，涉及三个关于兼职工的关键问题：

1. 兼职工与兼职企业是否存在劳动关系。

根据《中华人民共和国劳动合同法》《劳动和社会保障部关于确立劳动关系有关事项的通知》，即使员工在多家单位工作，如员工与企业之间的关系符合《劳动和社会保障部关于确立劳动关系有关事项的通知》的规定,那么兼职工和兼职企业也存在劳动关系。劳动关系的从属性特征包括经济从属性及人身从属性,前者表现为劳动者对用人单位经济上的依赖,后者则主要在于用人单位对劳动者的指挥、控制和支配上。上述案例中,老李接受兼职企业的管理,听从兼职企业安排工作,并从兼职企业处收取工资。因此,老李与兼职企业之间构成劳动关系。那么,属于劳动关系的兼职工,也应当被视为企业的员工,享有相应的劳动权益。但实践中,兼职还可能涉及多种法律关系,如劳务合同、承揽合同等。

因此,企业招聘兼职工时,一定要明确兼职工与兼职企业之间是否存在劳动关系。

2. 兼职工的工伤责任归属问题。

如果兼职工与企业建立了劳动关系,那么在出现工伤时,责任应由哪家公司承担?在老李的案例中,事故发生在老李赶往兼职地点的路上,属于上班时间。由于电器厂没有为老李购买工伤保险,人社局最终判定电器厂承担工伤赔偿责任。这表明,即使兼职工在前往兼职工作地点的途中发生事故,兼职企业仍可能需要承担相应的责任。

3. 具备劳动关系的兼职工的社保问题。

社保是保障员工权益的重要措施,具备劳动关系的兼职工,同样需要社保的保障。在老李的案例中,电器厂没有为老李购买社保,于是需要自己承担高额的赔偿。

这说明对于满足劳动关系的兼职员工,企业应为其购买社保,如社保不能购买,需为其购买雇主责任险等,以避免因工伤事故导致的经济损失和法律责任。

通过老李的案例,我们可以看到,兼职工的权益保护是一个不容忽视的问题。

解决建议

如何减少兼职工给企业带来的用工风险呢？主要有以下四点建议（如图 4-4 所示）：

01 明确合同性质　02 区分管理方式　03 合理安排薪酬结构　04 风险评估与合规审查

图 4-4　减少兼职工风险的四点建议

1. 明确合同性质。单位应与兼职人员签订书面合同，明确双方之间法律关系性质，避免被认定为劳动关系。合同中应包含工作职责、报酬计算方式等具体内容。

2. 区分管理方式。公司的规章制度不应用在兼职人员身上，如考勤打卡、全程管理等，避免从法律上被认定为劳动关系。

3. 合理安排薪酬结构。薪酬应以工作成果为基础，或采用计时工资方式，并且发放周期要灵活。

4. 风险评估与合规审查。企业应定期对兼职人员管理进行合规性审查，确保法律关系的合法性和合理性。

总的来说，兼职工的管理涉及复杂的法律问题，用人单位需要在合同签订、管理模式、薪酬结构等方面进行规范，以防范潜在的法律风险。特别是在劳动争议增多的背景下，明确的合同和合规的管理是企业规避风险的关键。

总结提示

预防兼职工的法律风险，应签订正式合同，明确双方之间的法律关系，明确工作职责和权益，依法维权。

相关法律链接

《中华人民共和国劳动合同法》

第六十八条规定，非全日制用工，是指以小时计酬为主，劳动者在同一用人单位一般平均每日工作时间不超过四小时，每周工作时间累计不超过二十四小时的用工形式。

《劳动和社会保障部关于确立劳动关系有关事项的通知》

第一条规定，用人单位招用劳动者未订立书面劳动合同，但同时具备下列情形的，劳动关系成立。

（一）用人单位和劳动者符合法律、法规规定的主体资格；

（二）用人单位依法制定的各项劳动规章制度适用于劳动者，劳动者受用人单位的劳动管理，从事用人单位安排的有报酬的劳动；

（三）劳动者提供的劳动是用人单位业务的组成部分。

第五讲　临近退休工风险：如何规避临近退休工的用工法律风险？

随着人口老龄化的逐步到来，企业中临近退休员工比例上升，他们凭借丰富的经验和技能为企业作出贡献。然而，因年龄和健康问题，他们的工作能力可能下降，给企业用工管理带来新挑战。不当处理这些员工会可能会引发劳动纠纷，损害企业声誉并造成损失。企业需妥善应对，确保员工权益和企业稳定发展。

案例分析

广东某外资公司，有一名老员工叫老梁，还有8个月就到退休年龄了。老梁在公司工作了38年，年轻时担任公司里的技术工，现在年纪大了担任公司里的门卫，每个月工资3000元。

有一次，老梁在门卫室值班，有几个陌生人要开着车进入公司，老梁眼神不好，没有认清这几个陌生人开的车辆，就把他们放进了公司。老板知道以后非常恼火，觉得老梁竟然认不清进入公司的人，根本就无法胜任门卫工作。于是，老板就叫人力资源把老梁给解雇了。

老梁接到公司里发出的解雇通知书，非常伤心和难过，心里想，自己在这家公司里辛辛苦苦干了38年，全部的青春都献给了公司。老板现在觉得老梁没有用了，说解雇就解雇。

于是，老梁向公司的人力资源部门提出，准备向劳动仲裁委申请劳动仲裁，要求公司支付违法解除劳动关系的经济赔偿金，38个月 ×3000元 ×2倍= 228000元。

公司的人力资源负责人找到律师处理这件事情后，老梁不但没有把这家公司起诉到劳动仲裁委，还逢人就夸奖这家公司好。而这家公司也不用支付经济赔偿金228000元。究竟是怎么处理的呢？

问题分析

针对上述案例，我们分析如下：

1. 根据《中华人民共和国劳动合同法》第四十二条的规定，劳动者在本单位连续工作满15年，且距离法定退休年龄不足5年的，不得依据该法第四十条和第四十一条规定解除劳动关系。而老梁已在公司服务38年，且距离退休年龄仅8个月，因此，如果公司以工作能力不足为由解雇老梁，显然违反了上述法律规定。

2.依据《中华人民共和国劳动合同法》规定，违法解除劳动关系的，应当支付经济赔偿金，标准为"2N"。以老梁38年的工龄计算，赔偿金额为76个月的工资，按每月3000元的工资为基础，总计22.8万元。这不仅涉及老梁的合法权益，也关系到公司的法律风险和社会责任。

所以，结合上述分析，在处理老梁这个案件时，我们给公司提供如下建议：

第一，由老梁提前申请退休。鉴于老梁还差8个月的时间就到达退休年龄，公司可考虑支付8个月工资作为补偿，总计2.4万元。这2.4万元与违法解除劳动关系所需支付的22.8万元相比，相差了20.4万元，此举更为经济合理。鉴于此，公司与老梁沟通，由老梁自愿申请提前退休，并在2.4万元的补偿范围内，与公司协商确定最终补偿金额，此举既保障了老梁的权益，也体现了公司的人文关怀。

第二，举办老员工欢送会。临近退休的员工，对公司的发展是有过贡献的，有句俗话说得好，没有功劳也有苦劳。可以通过老员工欢送会来表彰老梁多年来的辛勤工作和贡献，同时传递公司对老员工的尊重和关怀。这不仅能增强员工的归属感，也能提升企业文化的凝聚力。

第三，尊重并关怀老员工。即使是老员工，内心也是有诉求的，也希望得到公司的认可与尊重。因此，公司应该深入了解他们的需求和期望，提供相应的支持和帮助。这样，即使老员工离开公司，他们也会积极传播公司的正面形象，从而提升公司的声誉。

通过上述措施，公司不仅妥善解决了老梁的离职问题，还维护了公司的文化和声誉，增强了员工的凝聚力和忠诚度。这将有助于公司构建和谐劳动关系，实现可持续发展。

解决建议

企业如何规避对临近退休的员工处理不当引发的用工风险呢？建议如下（如图4-5所示）：

图4-5　规避临近退休员工用工风险的三项建议

1. 合理安排，适当补偿。企业在管理过程中，需要特别关注临近退休员工的需求。为此，企业应合理规划这些员工的工作内容和工作强度，以适应他们的身体状况和工作能力。同时，对于即将退休的员工，企业还应提供提前退休的选择。根据员工的工作年限和对企业的贡献，企业应给予相应的经济补偿，以体现对他们工作的认可和尊重。这不仅可以帮助员工更好地规划退休生活，也有助于企业进行人力资源的优化配置，同时还能更好地保障员工的权益，维护企业的稳定发展。

2. 给予尊重，充分关怀。企业应充分尊重老员工的经验和贡献，通过沟通来了解他们的需求和期望，举办欢送会等活动，表达对他们多年来服务的感激之情，同时传递企业的人文关怀。

3. 处理合法，操作合规。在处理临近退休员工的离职事宜时，企业必须遵守相关法律法规，避免违法解除劳动合同，确保行为合法合规。如果员工已经到了退休年龄，且他们有意愿继续工作的，则企业可以签订退休返聘协议，明确工作内容、待遇等。

总结提示

临近退休员工的妥善处理是企业用工管理的重要组成部分。企业应充分认识到临近退休员工的价值，采取有效措施，规避处理不当带来的法律风险。通过合理安排、尊重关怀、合法合规操作，企业不仅能够妥善处理临近退休员工的问题，还能够很好地维护企业文化和企业声誉，促进员工之间的和谐关系。

相关法律链接

《中华人民共和国劳动合同法》

第十四条规定，无固定期限劳动合同，是指用人单位与劳动者约定无确定终止时间的劳动合同。

用人单位与劳动者协商一致，可以订立无固定期限劳动合同。有下列情形之一，劳动者提出或者同意续订、订立劳动合同的，除劳动者提出订立固定期限劳动合同外，应当订立无固定期限劳动合同：

（一）劳动者在该用人单位连续工作满十年的；

（二）用人单位初次实行劳动合同制度或者国有企业改制重新订立劳动合同时，劳动者在该用人单位连续工作满十年且距法定退休年龄不足十年的；

（三）连续订立二次固定期限劳动合同，且劳动者没有本法第三十九条和第四十条第一项、第二项规定的情形，续订劳动合同的。

用人单位自用工之日起满一年不与劳动者订立书面劳动合同的，视为用人单位与劳动者已订立无固定期限劳动合同。

第四十二条规定，劳动者在本单位连续工作满十五年，且距法定退休年龄不足五年的，用人单位不得依照本法第四十条、第四十一条的规定解除劳动合同。

第四十五条规定，劳动合同期满，有本法第四十二条规定情形之一的，劳动合同应当续延至相应的情形消失时终止。

第四十七条规定，经济补偿按劳动者在本单位工作的年限，每满一年支付一个月工资的标准向劳动者支付。六个月以上不满一年的，按一年计算；不满六个月的，向劳动者支付半个月工资的经济补偿。

第四十八条规定，用人单位违反本法规定解除或者终止劳动合同，劳动者要求继续履行劳动合同的，用人单位应当继续履行；劳动者不要求继续履行劳动合同或者劳动合同已经不能继续履行的，用人单位应当依照本法第八十七条规定支付赔偿金。

第五章　员工培训与岗位调整

第一讲　培训离职：如何预防员工培训后离职的风险呢？

实践中，员工培训后就离职的问题一直是企业关注的焦点。如何规避员工培训后离职带来的法律风险，是企业管理中的一个难题。

在企业管理实践中，不少企业主面临这样的困境：投入大量资源对员工进行培训，希望提升其职业技能，以促进企业发展；然而，培训结束后，员工却可能因各种原因选择离职，甚至带走企业资源，给企业带来不小的损失。

案例场景

张老板的公司主营智能设备制造。在面试了一位名叫小明的大学生后，张老板决定给予他实习的机会。然而，小明虽然理论知识丰富，实际操作能力却有所欠缺。

为了提高小明的工作能力，公司安排经验丰富的老员工王师傅对其进行指导。经过3个月的培训，小明逐渐熟悉了岗位工作。

但就在此时，小明却携带公司价值8000元的笔记本电脑离职，给公司造成了直接经济损失。张老板非常恼火，想起诉小明，要求赔偿公司电脑，同时赔偿 3 个月的培训费。

问题分析

上述案例中，张老板希望通过法律途径要求小明赔偿培训费用，并返还公司电脑。然而，根据现行法律规定，公司内部技能培训，并不属于可以主张培训费用的范畴。

只有通过第三方机构组织的培训，如专业学校、大学或出国进修等，公司为其实际支付了培训费用并开具了发票，才可能被法律认可。

因此，张老板要求小明赔偿 3 个月培训费用的请求，可能无法得到法律支持。

解决建议

为了防止上述案例中类似风险的发生，企业可以采取以下措施（如图 5-1 所示）：

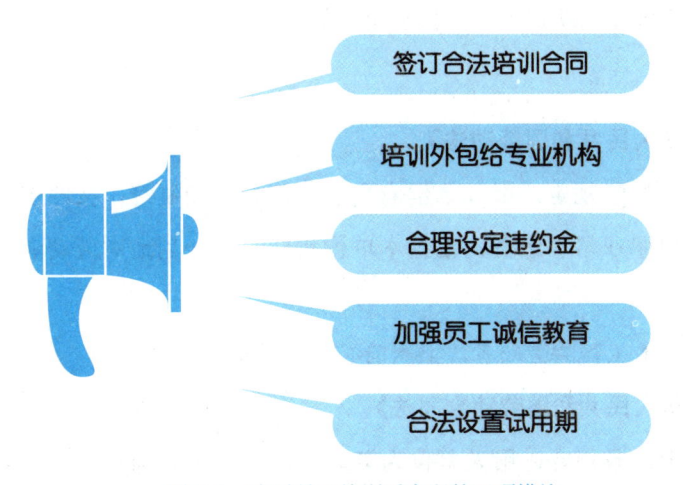

图 5-1 应对员工培训后离职的五项措施

1. 签订合法培训合同。明确培训内容、费用、期限及违约责任，确保培训合同的合法性，以便在员工违约时，企业能够依法要求赔偿。

2. 培训外包给专业机构。通过外包机构进行培训，不仅可以提高培训质量，还能确保培训费用的透明性。专业机构开具的正规发票，有助于证明培训费用的合理性。

3. 合理设定违约金。在培训合同中设定合理的违约金条款，确保违约金数额与员工的服务时间成比例，避免过高的违约金不被法律支持。

4. 加强员工诚信教育。通过教育，让员工明白不诚信行为的后果，提高员工的职业道德水平。

5. 合法设置试用期。对于新员工，可以通过设置试用期来观察其工作表现和学习能力，而非直接投入正式培训。

总的来说，员工培训是企业投资的重要部分，但同时也伴随着一定的风险。通过签订合法培训合同、培训外包给专业机构、合理设定违约金等措施，企业可以有效降低培训风险，保护自身利益，同时也为员工提供真正有价值的培训机会，促进企业的长远发展。

相关法律链接

《中华人民共和国劳动法》

第六十八条规定，用人单位应当建立职业培训制度，按照国家规定提取和使用职业培训经费，根据本单位实际，有计划地对劳动者进行职业培训。

从事技术工种的劳动者，上岗前必须经过培训。

《中华人民共和国劳动合同法》

第二十二条规定，用人单位为劳动者提供专项培训费用，对其进行专业技术培训的，可以与该劳动者订立协议，约定服务期。

劳动者违反服务期约定的，应当按照约定向用人单位支付违约金。

违约金的数额不得超过用人单位提供的培训费用。用人单位要求劳动者支付的违约金不得超过服务期尚未履行部分所应分摊的培训费用。

第二十五条规定，除本法第二十二条和第二十三条规定的情形外，用人单位不得与劳动者约定由劳动者承担违约金。

第二讲　不胜任处理：员工不胜任时，能否直接解雇？

在劳动用工领域，员工不能胜任工作的情况并不少见。然而，企业在处理此类问题时，往往因为缺乏法律知识或对法律程序的忽视，导致违法解除劳动合同，进而引发劳动争议。

案例场景

2022年5月27日，小何入职了一家日用品公司，与公司签订了劳动合同。在两次绩效考核中，小何均未能达到公司标准。公司随后与小何签订了绩效改进计划，旨在提升其工作技能。尽管小何努力工作，但截至2023年11月，绩效仍未改善。

公司决定解除与小何的劳动合同。小何不满此决定，认为自己已尽力，并认为公司未提供足够的培训和调岗机会，遂将公司告上劳动仲裁委，并要求公司支付违法解除劳动关系的经济赔偿金。

劳动仲裁委审理后发现，公司在解除劳动合同前未依法进行培训和调岗尝试，裁决公司违反法律规定解除劳动关系，须向小何支付经济赔偿金。

问题分析

企业在面对员工不能胜任工作的情况时，往往急于解雇员工，却忽视了法律规定的程序。根据统计数据，用人单位在劳动争议案件中的败诉率非常高。而败诉的原因主要有三点：

1. 法律知识缺乏。企业未能满足解除劳动关系的三个条件，即合理证明员工不能胜任、员工经培训或岗位调整后仍不能胜任、再次考核确认员工不能胜任。

2. 绩效考核主观。考核依据过于依赖主管或高管的评分，缺乏客观性，容易引发员工质疑。

3. 采取极端手段。企业可能采取极端手段迫使员工离职，如突然降低考核成绩，这种做法缺乏合理性和客观性。

解决建议

面对员工不能胜任工作的情况，企业应采取以下措施（如图 5-2 所示）：

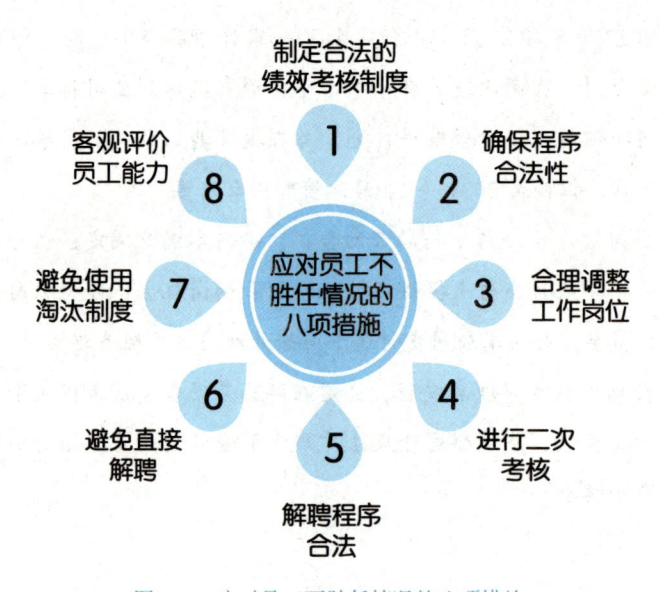

图 5-2 应对员工不胜任情况的八项措施

1. 制定合法的绩效考核制度。建立全面、客观的绩效考核体系，减少主观因素干扰。

2. 确保程序合法性。即使确定员工不能胜任工作，也必须经过培训或岗位调整来认定，确保培训的合理性和合法性。

3. 合理调整工作岗位。在岗位调整过程中，保持延续性和合理性，避免不合法的调动。

4. 进行二次考核。培训或岗位调整后，再次进行客观考核，并保留相关证据。

5. 解聘程序合法。如果员工仍不能胜任工作，应按照程序进行解聘，并支付相应的工资或补偿金。

6. 避免直接解聘。尽管直接与员工协商一致可以减少程序上的麻烦，但这种做法可能会引发法律风险。

7. 避免使用淘汰制度。企业应避免实行或提及末位淘汰制，以免与法律规定相悖。

8. 客观评价员工能力。企业应依据法律法规，让仲裁员和法官作为第三方进行客观评价。

总结提示

企业在处理员工不能胜任工作的问题时，应严格遵守法律规定，合理、客观地处理员工解聘事宜，以降低法律风险。

相关法律链接

《中华人民共和国劳动法》

第二十六条规定，劳动者不能胜任工作，经过培训或者调整工作岗位，仍不能胜任工作的，用人单位可以解除劳动合同，但是应当提前三十日以书面形式通知劳动者本人。

《中华人民共和国劳动合同法》

第四十条规定，劳动者不能胜任工作，经过培训或者调整工作岗位，仍不能胜任工作的，用人单位提前三十日以书面形式通知劳动者本人或者额外支付劳动者一个月工资后，可以解除劳动合同。

《中华人民共和国劳动合同法实施条例》

第二十六条规定，用人单位与劳动者约定了服务期，劳动者依照劳动合同法第三十八条的规定解除劳动合同的，不属于违反服务期的约定，用人单位不得要求劳动者支付违约金。

第三讲　调岗操作：如何正确进行岗位调整？

有些企业认为，调岗是企业的权力，员工无权反对；如果员工不满意，可以离职，反正公司不缺人。然而，实际上，调岗是一项需要专业技巧的操作，并非企业想怎么调就怎么调的。正确地调岗需要考虑员工的职业发展和法律规定，以确保企业的稳定发展和员工的合法权益不被侵犯。

案例场景

老王在某汽车公司名下的A汽车店担任销售员，每月工资1万元。由于A汽车店生意不景气，公司决定将老王调到B汽车店继续担任汽车销售员。然而，老王对这个决定并不满意。他认为这是一种逼迫他辞职的手段，因为B汽车店距离他家较远，通勤来回需要3个小时，会对他家庭生活造成极大的影响。

老王向公司提出能否不去B汽车店的请求，但遭到拒绝。由于老王未按要求报到，公司发通知解除了他的劳动合同。老王认为这是变相裁员行为，于是向劳动仲裁委员会提出仲裁，要求赔偿7万元（按照每月 1 万元的工资，工作了 3 年半，共计 7 个月的经济赔偿金）。

劳动仲裁委员会审理后，认定 A 汽车店调岗不合理，判决公司支付老王 7 万元赔偿金。

问题分析

老王的案例在实际工作中并不少见。合理调岗对于公司和员工都至关重要，因此，调岗时要注意以下几点（如图 5-3 所示）：

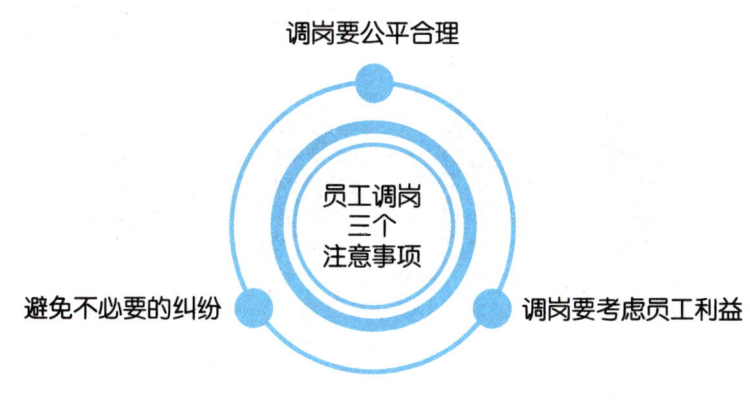

图 5-3　员工调岗三个注意事项

1. 调岗要公平合理。公司在进行岗位调整时，必须遵循公平合理的原则。不能为了自身便利而随意调岗，更不能以此作为变相裁员的手段。如果公司因为某些主观因素，如对员工不满意或者为了节省成本，而随意调整员工岗位，可能会引发员工的不满，甚至导致劳动争议。

2. 调岗要考虑员工利益。调岗不仅是公司的决策，还需要考虑员工的利益。调岗后如果员工的工资下降，或者工作地点远离家庭，都会对员工的生活产生负面影响。公司在做出调岗决定前，必须与员工进行充分沟通，了解员工的想法和需求，寻找双方都能接受的解决方案。

3. 避免不必要的纠纷。如果调岗处理不当，容易引发员工的抵触情绪，甚至导致员工辞职和投诉。这样不仅会失去有价值的员工，还可能带来法律纠纷和经济赔偿。为了避免这些问题，公司在调岗时必须做到透明、公正，让员工理解调岗的原因和目的，从而减少误会和不满。

解决建议

企业如何正确进行岗位调整呢？建议如下（如图5-4所示）：

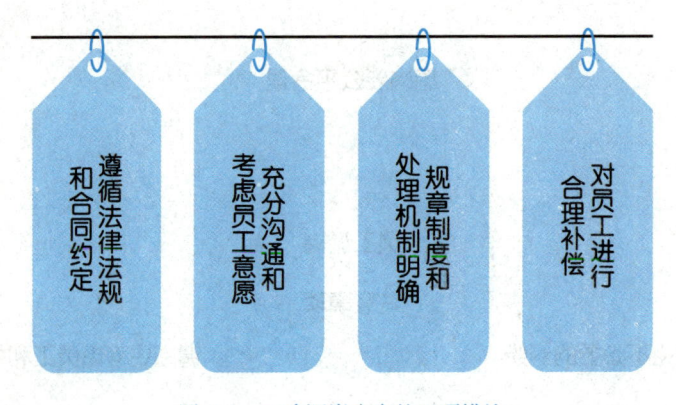

图 5-4　正确调岗应有的四项措施

1. 遵循法律法规和合同约定。调岗必须符合劳动法规的规定和劳动合同中的条款。企业在调岗时应确保基于生产经营需要，调岗后的岗位合理，薪酬相当，并且不会对员工的生活造成过多困扰。不能单凭个人喜好或为了节省企业成本随意调岗，必须保证调岗行为不会对员工造成侮辱或不公正待遇。

2. 充分沟通和考虑员工意愿。合理调岗不仅仅是企业的决定，还需要听取员工的意见和需求。在决定调岗前，企业应与员工充分沟通，解释调岗的原因和预期效果，同时了解员工的想法和难处。如果员工对调岗有异议，企业应认真考虑并寻找双方都能接受的解决方案。此外，企业还应考虑员工过去的工作经历和技能，将其作为调岗决策的参考。

3. 规章制度和处理机制明确。企业应建立一套明确的规章制度，规定在什么情况下可以调岗，调岗的流程是怎样的，以及员工不服从调岗时的处理办法。这套制度需要经过讨论并得到员工的认可。如果员工多次不服从合理的调岗安排，企业可以根据规章制度给予其书面警告，明确告知员工这种行为的后果。

4. 对员工进行合理补偿。在进行调岗时，如果调岗给员工带来了不便或损失，企业应给予合理的补偿。比如，调岗后通勤距离增加，可以给予交通补助；调岗后工作内容变化，可以提供相关培训等。

调岗是企业管理中的重要环节，必须在法律允许的范围内，充分考虑员工的利益和意愿，建立和遵循明确的规章制度。通过合理的沟通和人性化的管理，可以避免不必要的劳动争议，维护企业和员工的权益。

总结提示

合法调岗，沟通为先，规章明确，合理补偿。企业在调岗时，应该把员工的利益放在首位，通过合法、合理的方式进行调整，确保公司和员工的双赢。

相关法律链接

《中华人民共和国劳动合同法》

第三十五条规定，用人单位与劳动者协商一致，可以变更劳动合同约定的内容。变更劳动合同，应当采用书面形式。变更后的劳动合同文本由用人单位和劳动者各执一份。

《中华人民共和国就业促进法》

第八条规定，用人单位依法享有自主用人的权利。用人单位应当依照本法以及其他法律、法规的规定，保障劳动者的合法权益。

人社部和最高法院联合发布《第一批劳动人事争议典型案例》，其中案例 14"用人单位如何行使用工自主权合法调整劳动者的工作岗位和地点"中提到，岗位或工作地点调整的合理性一般考虑以下因素：

1. 是否基于用人单位生产经营需要；

2. 是否属于对劳动合同约定的较大变更；

3. 是否对劳动者有歧视性、侮辱性；

4. 是否对劳动报酬及其他劳动条件产生较大影响；

5. 劳动者是否能够胜任调整的岗位；

6. 工作地点作出不便调整后，用人单位是否提供必要协助或补偿措施等。

第六章　薪资与福利管理

第一讲　工资条：不规范工资条也会引发法律风险

在劳动用工领域，工资条是劳动者与用人单位之间经济往来的重要凭证，它直接关系到劳动者的合法权益和用人单位的合规性。然而，由于部分用人单位对工资条的规范性重视不够，导致了不规范工资条的出现，特别是一些用人单位为简化管理流程，采取薪酬保密政策或将工资直接打入员工账户等方法，这样不仅容易引发用工纠纷，还可能带来一系列的法律风险。

案例场景

某日用品公司有一名仓库管理员叫小钟，他每周工作6天，每月仅休4天。然而，在某次与老板的争执中，小钟提出他未能按规定收到加班费，随即向劳动仲裁委申请仲裁，要求公司支付加班费15.8万元。由于公司无法提供清晰的工资条或其他证据证明已支付加班费，最终仲裁委裁决公司需支付这笔费用。

问题分析

上述案例揭示了某日用品公司作为用人单位，在薪酬管理中的三大问题。

首先，用人单位未能提供清晰的工资条，导致员工难以了解自己工资的具体构成，包括基本工资、加班费、奖金等。

其次，用人单位缺乏法律意识，对工资条的法律要求认识不足，结果在出现争议时无法提供有效证据。

最后，用人单位忽视了工资条的重要性，未认识到工资条不仅是员工了解自己工资的途径，同时也是法律纠纷中关键的证据。

那么，实践中，不规范工资条的表现形式有哪些呢（如图6-1所示）？

图6-1　不规范工资条的四种表现形式

1. 工资条内容不完整。部分用人单位提供的工资条缺少必要的工资构成项目，如基本工资、岗位工资、绩效工资、奖金、补贴等，使得劳动者无法全面了解自己的工资构成。

2. 工资条金额计算错误。工资条上显示的工资金额与实际支付的工资金额不符，或者工资条上的扣款项目与实际扣款不一致，导致劳动者对工资支付产生疑问。

3. 工资条发放不及时。用人单位未能在规定的时间内向劳动者提供工资条，使得劳动者无法及时了解自己的工资情况。

4. 工资条格式不规范。工资条的格式不符合国家相关规定，或者用人单位自行制定的工资条格式不清晰、不便于劳动者阅读和理解。

以上不规范工资条，很容易让员工对用人单位的工资支付产生怀疑，进而引发劳动争议。

解决建议

为避免因工资条不规范引发的劳动争议，用人单位应采取以下措施（如图6-2所示）：

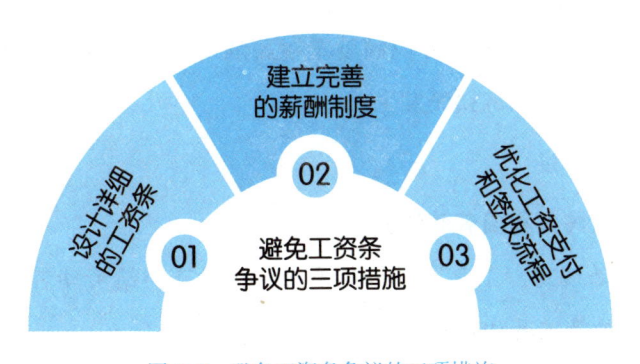

图6-2 避免工资条争议的三项措施

1. 设计详细的工资条。工资条应包括基本工资、加班费、奖金、津贴等所有收入项目，并且每一项都有明确的计算依据和标准。这不仅可以让员工清楚地了解自己的收入构成，还能为用人单位提供清晰的管理依据。

2. 建立完善的薪酬制度。用人单位应建立完整的薪酬制度，包括工资的构成、计算方法、支付时间和方式等内容。该制度应经过合法程序，如通过工会或职代会的讨论和批准，确保其合理合法。

3. 优化工资支付和签收流程。用人单位应完善工资支付和签收流程，对于电子支付，用人单位需确保员工同意并确认支付方式。同时，要确保员工对工资条上的各项内容，特别是加班费、绩效工资、奖金等内容有明确的了解和确认。此外，高温补贴等法定工资项目也应在工资条中明确体现。

通过规范的工资条、完善的薪酬制度和透明的支付流程，用人单位可以有效减少因工资问题引发的法律风险，保障员工的合法权益，促进用人单位的可持续发展。

总结提示

规范的工资条不仅仅是一张纸，更是保障员工权益和维护用人单位形象的重要工具。用人单位应高度重视薪酬管理的规范性，避免因疏忽导致的法律风险和经济损失发生。

相关法律链接

《中华人民共和国劳动法》

第五十条规定，工资应当以货币形式按月支付给劳动者本人。不得克扣或者无故拖欠劳动者的工资。

《中华人民共和国劳动合同法》

第八十五条规定，用人单位有下列情形之一的，由劳动行政部门责令限期支付劳动报酬、加班费或者经济补偿；劳动报酬低于当地最低工资标准的，应当支付其差额部分；逾期不支付的，责令用人单位按应付金额百分之五十以上百分之一百以下的标准向劳动者加付赔偿金：

（一）未按照劳动合同的约定或者国家规定及时足额支付劳动者劳动报酬的；

（二）低于当地最低工资标准支付劳动者工资的；

（三）安排加班不支付加班费的；

（四）解除或者终止劳动合同，未依照本法规定向劳动者支付经济补偿的。

《工资支付暂行规定》

第六条规定，用人单位应将工资支付给劳动者本人。劳动者本人因故不能领取工资时，可由其亲属或委托他人代领。

用人单位可委托银行代发工资。

用人单位必须书面记录支付劳动者工资的数额、时间、领取者的姓名以及签字，并保存两年以上备查。用人单位在支付工资时应向劳动者提供一份其个人的工资清单。

第二讲 加班费：高薪员工是否仍需支付加班费？

实践中，加班费问题一直是劳动用工领域的热点话题。许多企业在给予员工较高薪酬的同时，却忽视了加班费的合理支付，这就导致双方之间很容易产生纠纷。

案例场景

2018年6月，陆某加入某公司担任程序员，月薪9000元，双方签订了为期3年的劳动合同，合同中规定了综合工时制度。2021年7月，合同到期，公司决定不续签。陆某随即提出加班费诉求，声称自己3年内周末加班23天，平时加班超过1200小时，要求支付 11.6 万元加班费，并提供了相关证据。公司对此表示怀疑，认为陆某的加班时间不真实、存在虚假加班行为。双方因此发生争议，先后由劳动仲裁委和法院审理。一审法院判决公司支付陆某 5.6 万元加班费，二审维持原判。

问题分析

上述加班费争议的产生，主要原因为以下三点：

1. 加班费是否支付不明确。陆某与公司的加班费争议，揭示了加班费计算和管理上的混乱。这种混乱源于公司对于何时应当支付加班费、何时不应当支付加班费的界限不明确，导致员工与公司之间出现认识上的分歧。

2. 加班费支付条件不明确。公司需要明确加班费的支付条件，包括哪些情况下的加班应当获得加班费，哪些情况下的加班不应当获得加班费。这有助于减少因理解差异而产生的争议，确保加班费的合理支付。

3. 特殊情况下的加班认定。对于员工下班后在家工作、周末出差、节假日团建以及值班等特殊情况，公司应制定明确的加班认定标准。这些标准应当符合劳动法规，并在公司内部得到广泛宣传和执行，以避免因界定不清而引发的加班争议。

解决建议

如何防范加班费引发用工纠纷呢？可参考以下解决建议（如图 6-3 所示）：

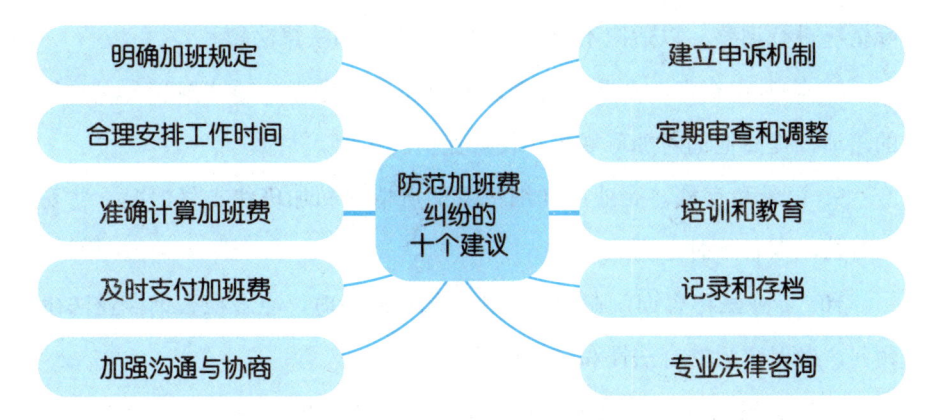

图 6-3　防范加班费纠纷的十个建议

1. 明确加班规定。企业应制定明确的加班规定，包括加班的条件、程序、时长限制等，确保员工和企业都清楚加班的规则。

2. 合理安排工作时间。企业应合理安排员工的工作时间和休息时间，尽量避免不必要的加班。如果必须加班，应提前通知员工，并确保加班时长符合法律规定。

3. 准确计算加班费。企业应根据国家规定的加班费标准，准确计算员工的加班费。对于不同工时制度的员工，应分别计算加班费。根据劳动法规，工作日加班费不低于工资的 150%，休息日加班费不低于 200%，法定假日加班费不低于 300%。

4. 及时支付加班费。企业应在规定的时间内支付员工的加班费，避免拖欠，以减少劳动争议。

5. 加强沟通与协商。在加班安排和加班费支付过程中，企业应加强与员工的沟通和协商，尊重员工的意愿，避免单方面强制加班。

6. 建立申诉机制。企业应建立员工对加班安排和加班费支付进行申诉的机制，确保员工的合法权益得到保障。

7. 定期审查和调整。企业应定期审查加班政策和实际操作，根据实际情况进行调整，以适应不断变化的劳动市场和法律法规。

8. 培训和教育。企业应对管理人员和员工进行劳动法规和公司政策的培训，提高他们对加班规定和权益保护的认识。

9. 记录和存档。企业应详细记录加班情况和加班费支付情况，并妥善存档，以备不时之需。

10. 专业法律咨询。在制订和执行加班政策时，企业应咨询专业法律顾问，确保政策的合法性和合理性。

通过上述措施，企业可以有效地管理加班问题，减少劳动争议，保护员工的合法权益，同时也维护企业的稳定和发展。

总结提示

企业在追求效益的同时，应充分尊重员工的合法权益。合理的加班费支付不仅是法律的要求，也是企业对员工辛勤工作的认可。通过上述措施，企业可以在确保员工权益的同时，合理控制加班成本，避免因加班费问题引发的法律风险和员工不满等问题。

相关法律链接

《中华人民共和国劳动法》

第三十六条规定，国家实行劳动者每日工作时间不超过八小时、平均每周工作时间不超过四十四小时的工时制度。

第四十一条规定，用人单位由于生产经营需要，经与工会和劳动者协商后可以延长工作时间，一般每日不得超过一小时；因特殊原因需要延长工作时间的，在保障劳动者身体健康的条件下延长工作时间每日不得超过三小时，但是每月不得超过三十六小时。

第四十四条规定，有下列情形之一的，用人单位应当按照下列标准支付高于劳动者正常工作时间工资的工资报酬：

（一）安排劳动者延长工作时间的，支付不低于工资的百分之一百五十的工资报酬；

（二）休息日安排劳动者工作又不能安排补休的，支付不低于工资的百分之二百的工资报酬；

（三）法定休假日安排劳动者工作的，支付不低于工资的百分之三百的工资报酬。

《中华人民共和国劳动合同法》

第三十一条规定，用人单位应当严格执行劳动定额标准，不得强迫或者变相强迫劳动者加班。用人单位安排加班的，应当按照国家有关规定支付加班费。

《国务院关于职工工作时间的规定》

第三条规定，职工每日工作8小时，每周工作40小时。

《工资支付暂行规定》

第十三条规定，用人单位在劳动者完成劳动定额或规定的工作任务后，根据实际需要安排劳动者在法定标准工作时间以外工作的，应按以下标准支付工资：

（一）用人单位依法安排劳动者在日法定标准工作时间以外延长工作时间的，按照不低于劳动合同规定的劳动者本人小时工资标准的150％支付劳动者工资；

（二）用人单位依法安排劳动者在休息日工作，而又不能安排补休的，按照不低于劳动合同规定的劳动者本人日或小时工资标准的200％支付劳动者工资；

（三）用人单位依法安排劳动者在法定休假节日工作的，按照不低于劳动合同规定的劳动者本人日或小时工资标准的300％支付劳动者工资。

实行计件工资的劳动者，在完成计件定额任务后，由用人单位安排延长工作时间的，应根据上述规定的原则，分别按照不低于其本人法定工作时间计件单价的150%、200%、300%支付其工资。

经劳动行政部门批准实行综合计算工时工作制的，其综合计算工作时间超过法定标准工作时间的部分，应视为延长工作时间，并应按本规定支付劳动者延长工作时间的工资。

实行不定时工时制度的劳动者，不执行上述规定。

第三讲 规章制度：如何防范企业规章制度无效的法律风险？

企业规章制度作为企业内部管理的重要组成部分，其有效性直接关系到企业的正常运作和员工的合法权益。然而，许多企业主对于如何制定合法有效的规章制度并不清楚，常常因此在劳动争议中处于不利地位。

案例场景

阿梅是一家公司的前台，入职已有3年，每月工资5000元。某次，有位客户来找老板谈生意时，提出阿梅整天对着客户哭丧着脸，很晦气，说阿梅不合适做前台工作，并建议老板给阿梅换个岗位。客户和老板谈完之后，经过前台时，又重提了阿梅的相貌问题，认为这会影响公司生意。

阿梅听到后，非常气愤，就与客户大声争吵起来。老板闻声出来，责骂阿梅不礼貌，与客户大声争吵，属于公司规章制度中的重大违纪行为，随即将阿梅解雇。

阿梅对解雇不服，遂向劳动仲裁委员会申请仲裁，主张公司的解雇行为违法，要求支付经济赔偿金。仲裁委审理后发现，老板用于解聘阿梅的规章制度无效，判决公司支付违法解除劳动关系的经济赔偿金 3 万元。

问题分析

企业的规章制度相当于企业的"宪法",不仅是规范员工行为的依据,也是处理员工违纪问题和激励员工的重要手段。然而,在实践中,许多企业的规章制度并未能经受住仲裁委和法院的审查,导致企业在诉讼中败诉。具体原因如下:

1. 合法性不足。规章制度在内容或程序上可能存在缺陷,缺乏合法性。

2. 合理性存疑。某些条款过于严苛或不切实际,难以获得仲裁委和法院的支持。

3. 执行难度大。规章制度在纸面上看似合理,但在实际操作中难以执行或监督。

4. 认知差异。员工对规章制度的理解和认知存在差异,导致执行上的偏差。

5. 逻辑矛盾。企业内部不同规章制度之间可能存在逻辑矛盾,或与劳动合同不一致。

解决建议

为了确保规章制度的合法有效,企业可以从以下几个方面入手(如图 6-4 所示):

1. 确保内容合法性。规章制度的内容必须严格遵循国家法律法规,避免与之冲突。

2. 合理的惩戒措施。根据违规行为的严重程度,设定从轻到重的多层次惩戒措施。

确保内容合法性　明确行为的后果　制定程序合法　解决逻辑矛盾　专业律师审查
01　　03　　05　　07　　09
02　　04　　06　　08
合理的惩戒措施　强调正向激励　进行公示确认　强化监督执行

图 6-4　确保规章制度合法有效的九个措施

3. 明确行为的后果。对于小错累积成大错的情况，应有明确的累计次数和标准，避免主观判断。特别是对于一些极度难以容忍的行为，应详细列举并明文规定。

4. 强调正向激励。在规章制度中，应更注重正向激励手段，鼓励员工行为正向发展。

5. 制定程序合法。规章制度的制定和修改应经过合法程序，如工会或员工代表大会的讨论和通过。

6. 进行公示确认。通过多样化的方式确保员工知悉规章制度，如签收、电子确认等。

7. 解决逻辑矛盾。定期审查和梳理规章制度，避免规章内部之间相互矛盾，避免与劳动合同的内容、条款冲突。

8. 强化监督执行。建立有效的执行和监督机制，确保规章制度得到实际遵守。

9. 专业律师审查。邀请法律专业人士参与规章制度的审查和制定，提高其合法性和合理性。

通过上述措施，企业可以提高规章制度的合法性、合理性和有效性，减少法律风险，促进企业的健康发展。

总结提示

企业的规章制度应当合法合理,确保员工参与制定过程,明确执行细则,并定期更新。只有这样,才能有效保障企业的正常运作和员工的合法权益。

相关法律链接

《中华人民共和国劳动法》

第二十五条规定,劳动者有下列情形之一的,用人单位可以解除劳动合同:

(一)在试用期间被证明不符合录用条件的;

(二)严重违反劳动纪律或者用人单位规章制度的;

(三)严重失职,营私舞弊,对用人单位利益造成重大损害的;

(四)被依法追究刑事责任的。

《中华人民共和国劳动合同法》

第四条规定,用人单位应当依法建立和完善劳动规章制度,保障劳动者享有劳动权利、履行劳动义务。

用人单位在制定、修改或者决定有关劳动报酬、工作时间、休息休假、劳动安全卫生、保险福利、职工培训、劳动纪律以及劳动定额管理等直接涉及劳动者切身利益的规章制度或者重大事项时,应当经职工代表大会或者全体职工讨论,提出方案和意见,与工会或者职工代表平等协商确定。

用人单位应当将直接涉及劳动者切身利益的规章制度和重大事项决定公示,或者告知劳动者。

第三十九条规定,劳动者有下列情形之一的,用人单位可以解除劳动合同:

（一）在试用期间被证明不符合录用条件的；

（二）严重违反用人单位的规章制度的；

（三）严重失职，营私舞弊，给用人单位造成重大损害的；

（四）劳动者同时与其他用人单位建立劳动关系，对完成本单位的工作任务造成严重影响，或者经用人单位提出，拒不改正的；

（五）因本法第二十六条第一款第一项规定的情形致使劳动合同无效的；

（六）被依法追究刑事责任的。

第四讲　降薪处理：公司业绩不好，能给员工降薪吗？

在当今经济环境日益复杂多变的背景下，许多企业面临着业绩下滑、经营困难的挑战。为了降低成本，保障企业的生存和发展，不少企业考虑采取降薪措施。然而，降薪涉及劳动者的切身利益，处理不当容易引发劳动争议，影响企业的稳定和声誉。

案例场景

一家物流公司因业绩下滑，提出将员工固定工资从5000元调整为3000元，并增加计件提成。其中28名员工同意，但老张和老李不同意，要求公司支付赔偿金。

那么，公司的降薪做法是否合规呢？

问题分析

实践中，很多企业在降薪时，会存在以下三个误区（如图6-5所示）：

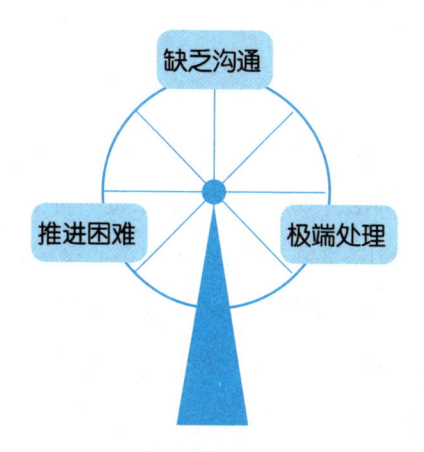

图 6-5　企业降薪常有的三个误区

1. 缺乏沟通。企业在做出降薪决策时往往缺乏与员工的充分沟通和协商。在经济下行压力下，一些企业可能会单方面决定降低员工薪资，理由是经济环境不佳。这种做法忽视了员工的感受和意见，容易导致员工与企业之间的对立，影响团队的凝聚力和员工的工作积极性。

2. 推进困难。企业在降薪过程中可能面临沟通成本高、推进困难等问题。一些企业试图逐一与员工沟通降薪事宜，却发现工作量巨大且难以推进。员工往往会观望其他同事的态度，这使得降薪工作陷入僵局，进一步削弱了员工的工作积极性和企业的整体信心。

3. 极端处理。一些企业在面对降薪难题时可能选择放弃，甚至考虑关闭企业。这种极端做法对企业来说是极大的伤害。实际上，如果企业能够妥善处理降薪问题，通过与员工的沟通和协商，是有可能达成共识、共克时艰的。关键在于企业需要采取更加人性化、合理化的管理策略，以维护员工的利益和企业的长远发展。

解决方案

那么，在企业经济困难情况下，如何才能合法、合理地实施集体降薪呢？以下解决建议可供参考。

第一，考虑降薪合规性。

企业实施降薪处理，必须严格遵守《中华人民共和国劳动法》《中华人民共和国劳动合同法》以及地方性的工资支付条例等相关法律法规。特别是《中华人民共和国劳动合同法》第四条明确规定，用人单位在制定、修改或者决定有关劳动报酬等直接涉及劳动者切身利益的重大事项时，应当经职工代表大会或者全体职工讨论，提出方案和意见，与工会或者职工代表平等协商确定。

第二，要经过合法程序。

企业降薪的合法程序主要包括以下几个步骤（如图6-6所示）：

01 充分论证与准备
02 民主协商与表决
03 方案公示与实施
04 进行报告备案

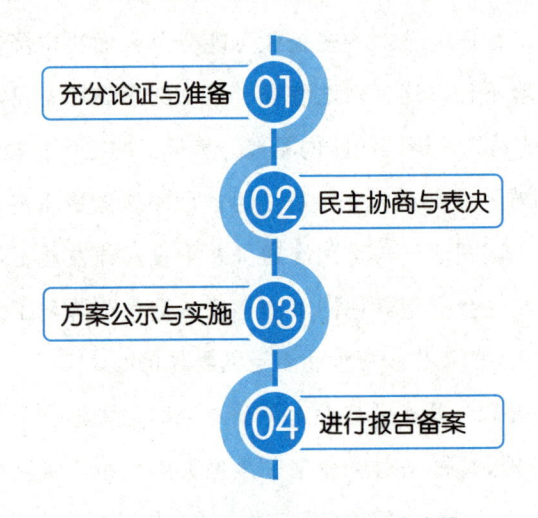

图6-6 企业降薪合法程序的四个步骤

1. 充分论证与准备。企业需明确降薪的必要性，收集充分的证据证明生产经营发生严重困难，如收入流水、财务报表、市场调研等。

2. 民主协商与表决。企业应通过职工代表大会或全体职工会议，就降薪方案进行充分讨论，听取员工意见后，企业应与工会或职工代表进行平等协商，就降薪方案的具体内容进行深入讨论。协商过程中，企业应充分考虑员工的合理诉求，尽量达成一致意见。如果协商不成，可通过投票表决的方式决定降薪方案的通过与否。表决结果应确保符合法律法规的要求，如经过半数以上员工同意等。

3. 方案公示与实施。降薪方案确定后，应向全体员工公示，确保每位员工都知晓并理解降薪的具体内容和实施细节。同时，企业应按照公示的降薪方案开始实施降薪措施，确保执行过程中的公正性和透明度。

4. 进行报告备案。企业应及时向人社部门、税务部门、社会保险部门、工会组织等相关部门报告或备案，以便及时调整相关政策或服务。

第三，降薪要有前提条件。

1. 生产经营发生严重困难。企业实施降薪处理的前提条件是存在生产经营发生严重困难的客观事实。这需要有充分的证据予以证明，如财务报表显示连续亏损、市场需求萎缩、订单量大幅下降等。如果企业的生产经营状况并未发生重大变化，仅仅为了追求更高的利润而擅自降薪，则属于违法行为。

2. 要充分尊重员工权益。在降薪处理过程中，企业应尊重员工的合法权益，不得采取强制或欺诈手段。企业应通过民主协商、平等对话的方式，与员工共同寻找解决方案，确保降薪方案的合理性和可接受性。

总结提示

总的来说，企业降薪涉及劳动者的切身利益，也是劳动关系中最棘手的问题，因此，企业在处理降薪问题时，一定要合规、合法、合理，才能有效减少因处理不当产生的法律纠纷。

相关法律链接

《中华人民共和国劳动合同法》

第四条规定，用人单位应当依法建立和完善劳动规章制度，保障劳动者享有劳动权利、履行劳动义务。

用人单位在制定、修改或者决定有关劳动报酬、工作时间、休息休假、劳动安全卫生、保险福利、职工培训、劳动纪律以及劳动定额管理等直接涉及劳动者切身利益的规章制度或者重大事项时，应当经职工代表大会或者全体职工讨论，提出方案和意见，与工会或者职工代表平等协商确定。

在规章制度和重大事项决定实施过程中，工会或者职工认为不适当的，有权向用人单位提出，通过协商予以修改完善。

用人单位应当将直接涉及劳动者切身利益的规章制度和重大事项决定公示，或者告知劳动者。

第五讲　轮岗处理：上一天休一天，薪资减半合法吗？

面对经济波动和市场的不确定性，不少企业遇到难关。为了留住员工，一些企业采用新招：员工轮着上一天班再休息一天，而工资只按工作日算。很多人心里都犯嘀咕，企业这样做到底合不合法呢？这时，如果企业处理不当，很容易引发劳动用工纠纷。

案例场景

某药店因市场需求下降、门店客户减少，导致经营困难。为应对这一困境，药店决定对负责药品销售的10名员工，实行"上班一天休息一天"的轮岗制度，并在员工上班时支付全额工资，休息日则不支付工资。药店老板表示，如果员工不能接受该轮岗制度，也可以另找工作。

某药店上述决定，引起了员工陈小姐的不满和质疑，陈小姐认为企业的做法侵犯了她的合法权益，要求药店支付"变相裁员"的经济补偿金。

问题分析

上述药店实行"上班一天休息一天"，并在员工上班时支付全额工资，休息日则不支付工资的做法，合法吗？

1. 关于工作时间。根据《中华人民共和国劳动法》第三十六条，国家实行劳动者每日工作时间不超过8小时，平均每周工作时间不超过44小时的工时制度。企业安排员工"上班一天休息一天"，在不超过法定的总工作时间的前提下，是符合法律规定的。

2. 关于工资支付。根据《工资支付暂行规定》，非因劳动者原因造成的停工停产，应当支付相应的工资，药店的这种做法存在问题，在第一个工资支付周期范围内，依照规定应当支付全额工资。第一个工资支付周期后，可以协商处理，也就是需要经过双方或其他民主程序沟通确定，非单方决定。如果是企业单方决定的，在停工时间不能不支付工资，应依照法律的规定支付保障性的工资。

3. 灵活特殊工时制的应用。企业员工的岗位，可能符合《中华人民共和国劳动法》第三十九条及人社部《关于企业实行不定时工作制和综合计算工时工作制的审批办法》中规定的特殊工时制条件。但企业需经过劳动行政部门审批，并履行相应的备案程序。若未获审批或未履行备案程序，企业仅凭内部规定实行特殊工时制可能面临法律风险。

4. 劳动者权益保护。企业应确保在轮岗制度下，员工的合法权益不受侵害。这包括但不限于：保障员工的最低工资标准、明确工资构成和支付方式、提供必要的休息和休假时间、保障员工的健康和安全等。

解决建议

如何防范企业实施轮岗制度时，因处理不当而引发法律风险？以下解决建议可供参考（如图 6-7 所示）：

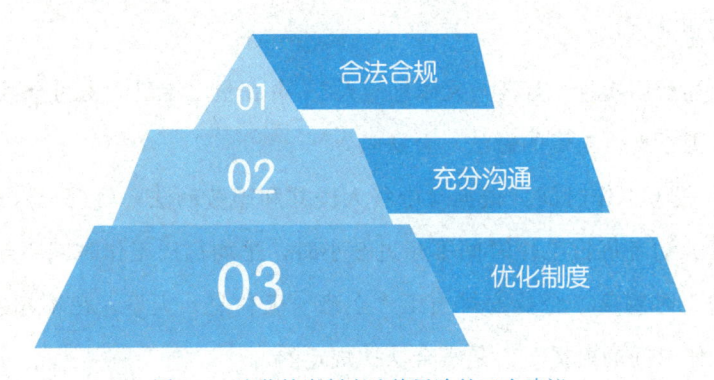

图 6-7　防范轮岗制度法律风险的三个建议

1. 合法合规。企业应严格按照法律规定申请并获得特殊工时制的审批和备案，确保轮岗制度的合法性。明确工资支付标准和方式，确保员工在休息日也有基本的生活保障。

2. 充分沟通。企业要与员工或工会进行充分沟通和协商，解释轮岗制度的必要性和合理性，争取员工的理解和支持。设立意见反馈机制，及时收集并处理员工的意见和建议。

3. 优化制度。根据企业实际情况和员工需求，灵活调整轮岗制度，如增加休息日的生活补贴、提供培训和晋升机会等。提高生产效率和管理水平，确保轮岗制度不影响企业的正常运营。

总结提示

劳动者的合法权益与用人单位的用工自主权，在保障民生、促进用人单位发展上是辩证统一关系。企业安排员工"上班一天休息一天"的轮岗制度，在保障员工就业和企业运营方面具有一定的合理性。但企业需严格遵守法律规定，确保轮岗制度的合法性和员工的合法权益。同时，加强与员工的沟通和协商，优化轮岗制度的设计和实施，以实现企业和员工的双赢。

相关法律链接

《中华人民共和国劳动法》

第三十六条规定，国家实行劳动者每日工作时间不超过八小时、平均每周工作时间不超过四十四小时的工时制度。

第三十九条规定，企业因生产特点不能实行本法第三十六条、第三十八条规定的，经劳动行政部门批准，可以实行其他工作和休息办法。

第四十八条规定，用人单位支付劳动者的工资不得低于当地最低工资标准。

《关于企业实行不定时工作制和综合计算工时工作制的审批办法》

第四条规定，企业对符合下列条件之一的职工，可以实行不定时工作制。

（一）企业中的高级管理人员、外勤人员、推销人员、部分值班人员和其他因工作无法按标准工作时间衡量的职工；

（二）企业中的长途运输人员、出租汽车司机和铁路、港口、仓库的部分装卸人员以及因工作性质特殊，需机动作业的职工；

（三）其他因生产特点、工作特殊需要或职责范围的关系，适合实行不定时工作制的职工。

第五条规定，企业对符合下列条件之一的职工，可实行综合计算工时工作制，即分别以周、月、季、年等为周期，综合计算工作时间，但其平均日工作时间和平均周工作时间应与法定标准工作时间基本相同。

（一）交通、铁路、邮电、水运、航空、渔业等行业中因工作性质特殊，需连续作业的职工；

（二）地质及资源勘探、建筑、制盐、制糖、旅游等受季节和自然条件限制的行业的部分职工；

（三）其他适合实行综合计算工时工作制的职工。

《工资支付暂行规定》

第十二条规定，非因劳动者原因造成单位停工、停产在一个工资支付周期内的，用人单位应按劳动合同规定的标准支付劳动者工资。超过一个工资支付周期的，若劳动者提供了正常劳动，则支付给劳动者的劳动报酬不得低于当地的最低工资标准；若劳动者没有提供正常劳动，应按国家有关规定办理。

第十七条规定，用人单位应根据本规定，通过与职工大会、职工代表大会或者其他形式协商制定内部的工资支付制度，并告知本单位全体劳动者，同时抄报当地劳动行政部门备案。

《广东省工资支付条例》

第三十九条规定，非因劳动者原因造成用人单位停工、停产，未超过一个工资支付周期（最长三十日）的，用人单位应当按照正常工作时间支付工资。超过一个工资支付周期的，可以根据劳动者提供的劳动，按照双方新约定的标准支付工资；用人单位没有安排劳动者工作的，应当按照不低于当地最低工资标准的百分之八十支付劳动者生活费，生活费发放至企业复工、复产或者解除劳动关系。

第六讲　旷工工资：如何避免不当扣发旷工工资的法律风险？

实践中，有些员工很任性，想来上班就来上班，想不来上班就不来上班。而如何妥善处理这些旷工员工，是不少企业都会面临的问题和挑战，稍微处理不当就会涉及违法，从而导致劳动用工纠纷的发生，使企业产生损失，因此，合法合规地处理旷工员工的问题，就显得特别重要。

案例场景

2020年1月，小王入职某电器公司上班，担任销售经理。双方签订的劳动合同约定，小王每月工资10000元，每月上班22天，周六日休息。此外，小王还签字确认了公司的规章制度，但是规章制度里面并没有约定旷工工资的扣发事宜。

2020年10月11日、12日、13日，小王无故不来公司上班3天，既不请假，也没说明任何理由。该电器公司老板很恼火，于是要求人力资源经理扣发小王工资，按照旷工1天扣3天工资的方式，小王旷工3天，就要扣发9天工资。

但是人力资源经理纳闷了，小王旷工3天，能扣发9天工资吗？扣发多少金额合适呢？

问题分析

在面对小王旷工的情况时，电器公司的人力资源经理确实需要仔细考虑如何合法合规地处理。根据已知的劳动合同和规章制度内容，我们可以进行以下分析：

在劳动合同中，小王的月工资被明确设定为10000元，且双方约定了每月工作22天，周六日休息。然而，值得注意的是，公司的规章制度中并未就旷工工资的扣发做出具体规定。这一缺失意味着，在处理小王的旷工问题时，公司必须严格依据相关法律法规进行操作。

自从《企业职工奖惩条例》废止以来，用人单位已失去了对职工进行罚款的法律依据。换言之，企业无权对员工实施罚款措施。若企业的规章制度中仍包含罚款等规定，则这些规定被视为违法。同时，根据《中华人民共和国行政处罚法》的相关规定，仅公权力机关才具备罚款的权限，而法律或行政法规并未赋予用人单位在劳动合同关系中类似的权限。在司法实践中，劳动人事争议仲裁委员会和人民法院普遍持有观点，即用人单位无权直接对劳动者进行罚款。

因此，电器公司采取"旷工1天扣3天工资"的处理方式，显然违反了法律规定。这种"旷1罚3"的罚款行为，实际上是许多民营企业在实际操作中的一个通病，它违背了法律的相关规定。所以，电器公司不能简单地按照这种方式来处理小王的旷工问题。

正确的做法，应该先通过规章制度确定旷工的处理标准，旷工当日可不支付工资，这合理合法。由于企业没有罚款权，处理这类问题就需要民营企业制定绩效考核制度，依照绩效考核的相关规定进行处理才是合理合法的。

综上所述，电器公司在处理小王旷工问题时，必须遵守相关法律法规，不能随意扣发工资。如果确实需要处罚，也必须在法律规定的范围内进行，并确保处罚后的工资不低于当地最低工资标准。

解决建议

实践中，不少企业在面临员工旷工的问题时，都以为旷工1天就应该扣发3天工资，其实这样的理解是有误区的。那么，员工旷工，企业如何扣发工资才是合法合规的呢？

在扣发小王旷工工资时，应确保既不损害员工权益，也不违背相关法律法规。以下是正确地扣发小王旷工工资的方法（如图6-8所示）：

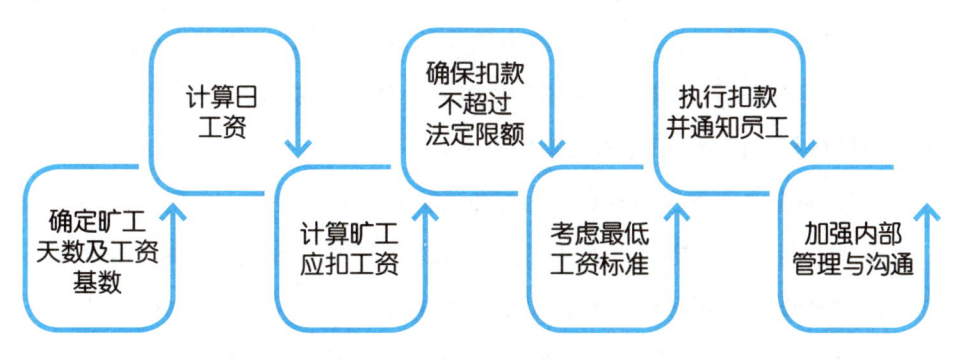

图6-8 扣发矿工工资的正确方法

1. 确定旷工天数及工资基数。首先，确认小王实际旷工的天数，即2020年10月11日、12日、13日共3天。同时，明确小王的月工资基数为10000元，这是计算旷工扣款的基础。

2. 计算日工资。根据《关于职工全年月平均工作时间和工资折算问题的通知》，月计薪天数为21.75天，计算方式为（365天－104天休息日）÷12个月。因此，小王的日工资为：10000元/月（月工资收入）÷21.75天（月计薪天数）＝459.77元/天。

3. 计算旷工应扣工资。旷工期间，公司无需支付小王工资。因此，旷工3天应扣工资为：459.77元/天×3天＝1379.31元。

4. 确保扣款不超过法定限额。虽然计算得出旷工应扣工资为1379.31元，但还需根据《工资支付暂行规定》第十六条，确保每月扣除的部分不超过小王当月工资的20%。小王当月工资10000元的20%为2000元，1379.31元远小于2000元，因此，该扣款金额符合法律规定。

5. 考虑最低工资标准。若扣除旷工工资后，小王的剩余工资低于当地月最低工资标准，则应按最低工资标准支付。但在此案例中，由于扣款金额远未达到小王月工资的一半，因此，无需考虑此因素。

6. 执行扣款并通知员工。在确定扣款金额后，公司应正式通知小王扣款事宜，包括旷工天数、扣款金额及计算方式等，并确保通知方式符合公司内部规定及法律法规要求。同时，应在工资发放时扣除相应金额，并保留好相关记录和凭证以备后续查证。

7. 加强内部管理与沟通。为避免类似情况再次发生，公司应加强内部管理，明确旷工定义、处理流程及扣款标准等，并通过培训、沟通等方式提高员工对规章制度的认知度和遵守度。同时，鼓励员工提前请假并说明原因，以便公司合理安排工作并减少不必要的经济损失。

然而实践中，很多企业处理旷工员工工资扣发问题时，很容易因处理不当引发法律风险。那么，要如何提前规避此类法律风险的发生呢？以下解决建议可供参考：

第一，完善规章制度。

1. 明确旷工定义。在公司的规章制度中明确定义旷工行为，包括未请假或请假未获批准擅自缺勤、请假逾期未归等情形。

2. 规定扣款标准。根据《工资支付暂行规定》等法律法规，明确旷工期间不支付工资，且不得额外扣发未旷工日的工资。若因旷工造成经济损失，可要求赔偿，但赔偿金额不得超过当月工资的20%。

3. 民主程序制定。确保规章制度的制定经过民主程序，包括职工代表大会或全体职工讨论、提出意见，并与工会或职工代表平等协商确定。

4. 公示与员工确认。规章制度应通过有效方式公示给员工，并要求员工签字确认已阅读并理解规章制度内容。

第二，加强考勤管理。

1. 建立科学考勤系统。采用电子考勤、指纹打卡等方式记录员工出勤情况，确保考勤数据的准确性和可追溯性。

2. 定期核对考勤记录。HR部门应定期核对考勤记录，及时发现并处理异常考勤情况，如连续旷工等。

3. 员工确认考勤结果。每月提供考勤记录给员工核对，并要求员工签字确认，以避免后续争议。

第三，旷工处理流程（如图6-9所示）。

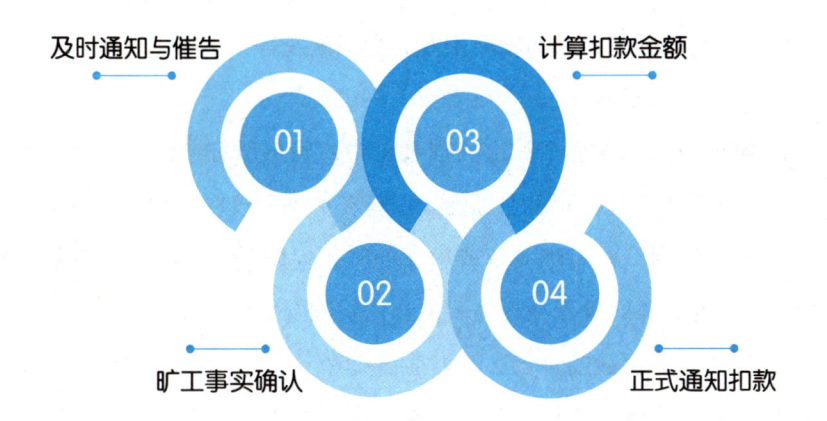

图6-9 旷工处理的四个步骤

1. 及时通知与催告。一旦发现员工旷工，应立即通过电话、短信或邮件等方式通知员工，并要求其说明原因或尽快到岗。若员工未在规定时间内回应，应再次催告并告知旷工后果。

2. 旷工事实确认。在考勤记录和通知记录的基础上，确认员工旷工事实，包括旷工日期、天数等。

3. 计算扣款金额。根据规章制度和法律法规，计算旷工应扣工资金额，并确保不超过当月工资的20%。

4. 正式通知扣款。向员工发送正式扣款通知，详细说明旷工天数、扣款金额及计算方式，并要求员工签字确认。

第四，加强沟通与教育。

1. 定期培训。定期对员工进行规章制度培训，特别是关于考勤、请假及旷工处理的规定，增强员工的合规意识。

2. 畅通沟通渠道。建立畅通的员工沟通渠道，鼓励员工在遇到问题时及时向上级或HR部门反映，以便公司及时介入处理。

3. 关注员工动态。关注员工的工作状态和心态变化，及时发现并解决可能影响出勤的问题，如家庭困难、身体健康等。

第五，法律风险防范。

1. 留存证据。在整个旷工处理过程中，确保所有通知、记录、确认书等证据材料的完整性和可追溯性，以便在劳动争议中提供有力证据。

2. 法律咨询。在处理复杂或敏感的旷工问题时，及时咨询专业法律顾问或律师的意见，确保处理方式的合法性和合规性。

3. 积极应对仲裁或诉讼。若发生劳动争议并进入仲裁或诉讼程序，企业应积极应对，提供充分证据支持自己的主张，并尊重仲裁机构或法院的裁决结果。

通过上述步骤的实施，企业可以有效避免扣发旷工工资不当带来的法律风险，维护企业的合法权益和良好形象。

总结提示

企业处理旷工问题应依法行事，明确旷工定义及扣款标准，确保规章制度合法公示。扣发工资需遵守法律法规，避免克扣超出规定的部分。加强考勤管理，畅通沟通渠道，防范法律风险。

相关法律链接

《中华人民共和国劳动法》

第四十六条规定，工资分配应当遵循按劳分配原则，实行同工同酬。

第五十条规定，工资应当以货币形式按月支付给劳动者本人。不得克扣或者无故拖欠劳动者的工资。

《中华人民共和国劳动合同法》

第二十九条规定，用人单位与劳动者应当按照劳动合同的约定，全面履行各自的义务。

第三十条规定，用人单位应当按照劳动合同约定和国家规定，向劳动者及时足额支付劳动报酬。

第三十九条规定，劳动者严重违反用人单位的规章制度的，用人单位可以解除劳动合同。

第八十条规定，用人单位直接涉及劳动者切身利益的规章制度违反法律、法规规定的，由劳动行政部门责令改正，给予警告；给劳动者造成损害的，应当承担赔偿责任。

《工资支付暂行规定》

第十六条规定，因劳动者本人原因给用人单位造成经济损失的，用人单位可按照劳动合同的约定要求其赔偿经济损失。经济损失的赔偿，可从劳动者本人的工资中扣除。但每月扣除的部分不得超过劳动者当月工资的20%。若扣除后的剩余工资部分低于当地月最低工资标准，则按最低工资标准支付。

《最高人民法院关于审理劳动争议案件适用法律问题的解释（一）》

第四十四条规定，因用人单位作出的开除、除名、辞退、解除劳动合同、减少劳动报酬、计算劳动者工作年限等决定而发生的劳动争议，用人单位负举证责任。

《人力资源社会保障部关于职工全年月平均工作时间和工资折算问题的通知》（人社部发〔2025〕2号）

各省、自治区、直辖市及新疆生产建设兵团人力资源社会保障厅（局）：

根据《国务院关于修改〈全国年节及纪念日放假办法〉的决定》（国

务院令第 795 号）的规定，全体公民的节日假期由原来的 11 天增设为 13 天。据此，职工全年月平均制度工作时间和工资折算办法分别调整如下：

一、制度工作时间的计算

年工作日：365 天 － 104 天（休息日）－ 13 天（法定节假日）＝ 248 天

季工作日：248 天 ÷ 4 季 ＝ 62 天 / 季

月工作日：248 天 ÷ 12 月 ＝ 20.67 天 / 月

工作小时数的计算：以月、季、年的工作日乘以每日的 8 小时。

二、日工资、小时工资的折算

按照劳动法第五十一条的规定，法定节假日用人单位应当依法支付工资，即折算日工资、小时工资时不剔除国家规定的 13 天法定节假日。据此，日工资、小时工资的折算为：

日工资：月工资收入 ÷ 月计薪天数

小时工资：月工资收入 ÷（月计薪天数 × 8 小时）

月计薪天数：（365 天 － 104 天）÷ 12 月 ＝ 21.75 天

三、废止文件

2008 年 1 月 3 日原劳动和社会保障部发布的《关于职工全年月平均工作时间和工资折算问题的通知》（劳社部发〔2008〕3 号）同时废止。

人力资源社会保障部
2025 年 1 月 1 日

第七讲　保密费：公司要求员工保密，保密费非给不可吗？

市场竞争激烈，企业的秘密和创意很关键。为保护这些内容，企业往往会签保密协议，说清保密的权利和义务。但有个常引起争论的问题：

企业让员工保密，要不要给钱呢？对于这个问题，很多企业与员工的理解都是有很大偏差的。

案例场景

2020年3月，刘某加入某销售公司，担任营销经理。因岗位涉及客户名单、客户信息等，在刘某入职当天，双方就签订了为期3年的劳动合同及《保密协议》。协议中，双方不仅明确了刘某的保密职责，还设定了离职后仍需承担的保密责任及高额违约金条款。

2021年2月，刘某离职，刘某认为自己在任职期间，认真履行了公司要求的保密义务，于是要求公司支付保密经济补偿。

而销售公司认为，刘某的劳动合同已经解除，且刘某工作内容不属于保密内容，所以拒绝支付任何保密补偿，双方因此闹上法庭。而最终，劳动仲裁委员会及法院最终裁决驳回了刘某的仲裁请求及诉讼请求。

问题分析

上述案例中，公司是否应该因员工履行保密义务而支付保密费用？具体分析如下：

1. 从法律规定来看，首先需确定商业秘密的内容。根据《中华人民共和国反不正当竞争法》等相关法律规定，商业秘密是指，不为公众所知悉、能为权利人带来经济利益、具有实用性并经权利人采取保密措施的技术信息和经营信息。另《中华人民共和国劳动合同法》第二十三条及第二十五条明确规定了保密协议与竞业限制的相关内容。其中，第二十三条规定了用人单位可以与劳动者约定保守商业秘密和与知识产权相关的保密事项，并可在竞业限制期限内给予经济补偿。但这一条款并未直接规定保密费用的问题。第二十五条则进一步限制了除服务期和竞业限制外，用人单位不得与劳动者约定违约金的情形。

2. 从协议约定来看，刘某与该销售公司签订的《保密协议书》虽然约定了保密义务及违约金条款，但并未明确提及保密费用的支付。此外，双方也未就离职后的保密补偿进行任何约定。

3. 从司法实践来看，目前对于保密费用的支付问题并未形成统一的标准。部分法院认为，保密义务是劳动者的法定义务，用人单位无需为此支付保密费用；而另一部分法院则倾向于在特定情况下支持保密费用的主张，尤其是当协议中明确约定了保密费用且未违反法律规定时。

结合本案实际情况，仲裁委员会及法院最终裁决驳回了刘某的仲裁请求及诉讼请求。原因在于：一方面，《保密协议书》中的违约金条款因违反法律规定而无效；另一方面，双方并未就保密费用进行明确约定，且相关法律法规亦未对保密费用的支付有强制性规定。因此，刘某要求支付保密费用的主张缺乏法律依据。

解决建议

企业如何避免出现上述案例类似的纠纷呢？以下解决建议可供参考（如图6-10所示）：

1. 明确与竞业限制的区别。用人单位应理清保密义务与竞业限制义务的区别与联系。保密义务是劳动者的法定义务，适用于全体员工；而竞业限制义务则是双方约定的义务，主要针对高级管理人员、高级技术人员等特定人群。用人单位应根据实际需要选择合适的保护措施。

2. 完善保密协议内容。在签订保密协议时，用人单位应明确保密事项、保密期限、违约责任等条款，并可根据实际情况考虑是否约定保密费用。同时，应避免将保密协议与竞业限制协议混同使用，以减少不必要的纠纷。

```
保密纠纷     01  明确与竞业限制的区别
的处理       02  完善保密协议内容
            03  加强内部管理与培训
            04  合理利用法律资源
```

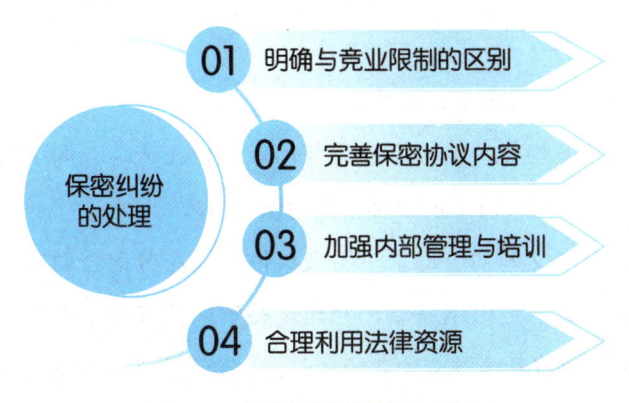

图 6-10　处理保密纠纷的四个建议

3. 加强内部管理与培训。用人单位应建立完善的保密管理制度，加强对员工的保密教育和培训，增强员工的保密意识和法律素养。同时，应定期对保密措施进行审查和更新，确保商业秘密和知识产权得到有效保护。

4. 合理利用法律资源。在发生保密纠纷时，用人单位应积极寻求法律支持，合理利用仲裁、诉讼等法律手段维护自身权益。同时，应加强对相关法律法规的学习和研究，提高自身的法律风险防范能力。

总结提示

综上所述，公司要求员工履行保密义务时是否必须支付保密费用的问题不能一概而论。根据现行法律、法规和实践判例来看，除非双方有明确约定且不违反法律规定外，用人单位通常无需为此支付保密费用。

因此，用人单位在签订保密协议时应明确相关条款内容并遵循法律规定；员工则应依法履行保密义务并维护自身合法权益。同时，双方应加强沟通与协商，共同营造良好的劳动关系氛围，促进企业的和谐稳定发展。

相关法律链接

《中华人民共和国劳动合同法》

第二十三条规定，用人单位与劳动者可以在劳动合同中约定保守用人单位的商业秘密和与知识产权相关的保密事项。

对负有保密义务的劳动者，用人单位可以在劳动合同或者保密协议中与劳动者约定竞业限制条款，并约定在解除或者终止劳动合同后，在竞业限制期限内按月给予劳动者经济补偿。劳动者违反竞业限制约定的，应当按照约定向用人单位支付违约金。

第二十五条规定，除本法第二十二条和第二十三条规定的情形外，用人单位不得与劳动者约定由劳动者承担违约金。

《中华人民共和国反不正当竞争法》

第九条规定，本条所称的商业秘密，是指不为公众所知悉、具有商业价值并经权利人采取相应保密措施的技术信息、经营信息等商业信息。

第七章 员工行为与纪律管理

第一讲 旷工处理：员工旷工3天，可以算自动离职吗？

在企业管理中，旷工问题时常引发争议。很多企业会在规章制度中规定，员工连续旷工数天即可视为自动离职。然而，这种规定是否具有法律效力？这要根据具体情况进行分析。

案例场景

某科技公司的人事经理发现，公司里的一位李姓程序员连续3天未到岗，也未请假。根据公司规章制度，连续旷工3天即视为自动离职。于是，人事经理向李程序员发出通知，告知其因连续旷工3天，视为自动离职。

李程序员收到通知后，愤怒地联系了人事经理，解释他因家中有急事临时离开，并已向项目经理请假，但项目经理当时不在，公司没有记录他的请假信息。人事经理坚持按照公司规定处理，李程序员对此不满，最终向劳动仲裁委员会申请仲裁。

劳动仲裁委员会认为，公司关于"连续旷工3天视为自动离职"的规定没有经过合法程序，因此，该条款无效。

人事经理对此结果感到非常意外，为什么很多企业的规章制度中都有类似条款，却被判定无效呢？

问题分析

首先，我们需要了解"自动离职"这一概念的法律背景。20世纪80年代，确实存在关于"自动离职"的规定，如《关于企业职工要求"停薪留职"问题的通知》《关于自动离职与旷工除名如何界定的复函》《企业职工奖惩条例》，但这些文件，目前均已失效或被废止。

随着《中华人民共和国劳动合同法》的实施，劳动关系的解除或终止成为更为准确的表述，除名、开除、自动离职等概念不再具有法律依据。

那么，员工连续旷工3天是否可以视为自动离职呢？主要从以下两点考虑：

1. 如果依据规章制度认定旷工，企业可以解除劳动合同，那么该规章制度必须经过合法程序制定，并已告知员工。

2. 如果企业在没有规章制度的情况下，仅以劳动者严重违反劳动纪律为由解除劳动合同，则取决于人民法院的自由裁量，而不同地区的裁判尺度和标准并不一致。

解决建议

劳动用工纠纷案件中，用人单位在解除劳动合同时负有举证责任。如果员工旷工数天，用人单位需要提供充分的证据，来证明员工的行为违反了规章制度。为此，建议用人单位完善自己的规章制度，并明确规定旷工的认定情形和处理方式。

那么，对于员工旷工的问题，企业具体应如何处理呢？以下解决建议可供参考（如图7-1所示）：

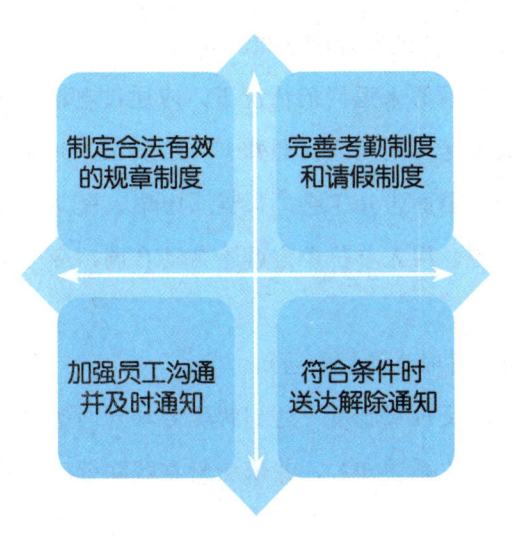

图 7-1　处理员工矿工问题的四个建议

第一，制定合法有效的规章制度。

1. 合法程序。规章制度必须经过合法程序制定并告知员工或向员工公示。企业要保证规章制度经过了员工代表大会或全体员工讨论确认，并保留相关证据。

2. 明确约定。用人单位应在规章制度中明确规定旷工的认定情形及处理方式，将连续旷工或累计旷工视为严重违反公司规章制度的行为。

3. 告知员工。确保规章制度在员工入职时已告知，并保留员工知晓规章制度的相关证明。

第二，完善考勤制度和请假制度。

1. 考勤制度。企业应有完善的考勤制度，并保留详细的考勤记录，以此证明员工旷工的事实。最好综合运用多重证据形成证据链条，并做好证据留存。

2. 请假制度。设置合理的请假审批程序，核实员工是否履行了请假审批程序或有其他正当理由。

第三，加强员工沟通并及时通知。

在员工旷工或请假未返岗的情况下，应通过电话、快递、邮件、短信、微信等方式发送《限期返岗通知书》给员工，并保留相关证据。如果企业有工会，应书面告知工会。根据《中华人民共和国劳动合同法》第四十三条的规定，用人单位单方解除劳动合同，应当事先将理由通知工会。

第四，符合条件时送达解除通知。

当员工严重违反规章制度，达到解除劳动合同条件时，应及时向员工送达《解除劳动关系通知》，并依法出具解除劳动关系证明，办理社保等转移手续。

通过以上措施，可以通过规章制度规范员工旷工行为。

总结提示

"自动离职"并非一个合法地解除劳动合同的依据。用人单位在处理员工旷工问题时，必须依照合法程序制定和执行规章制度，并确保规章制度内容明确且已告知员工。只有这样，才能在法律上站得住脚，避免不必要的劳动争议。

相关法律链接

《中华人民共和国劳动合同法》

第四条规定，用人单位在制定、修改或者决定有关劳动报酬、工作时间、休息休假、劳动安全卫生、保险福利、职工培训、劳动纪律以及劳动定额管理等直接涉及劳动者切身利益的规章制度或者重大事项时，应当经过职工代表大会或者全体职工讨论，提出方案和意见，与工会或者职工代表平等协商确定。

第三十九条规定，劳动者有下列情形之一的，用人单位可以解除劳动合同：

（一）在试用期间被证明不符合录用条件的；

（二）严重违反用人单位的规章制度的；

（三）严重失职，营私舞弊，给用人单位造成重大损害的；

（四）劳动者同时与其他用人单位建立劳动关系，对完成本单位的工作任务造成严重影响，或者经用人单位提出，拒不改正的；

（五）因本法第二十六条第一款第一项规定的情形致使劳动合同无效的；

（六）被依法追究刑事责任的。

第四十三条规定，用人单位单方解除劳动合同，应当事先将理由通知工会。用人单位违反法律、行政法规规定或者劳动合同约定的，工会有权要求用人单位纠正。用人单位应当研究工会的意见，并将处理结果书面通知工会。

第二讲 拒绝加班：员工拒绝加班，公司能解雇吗？

在现代职场中，加班已成为许多行业的常态。然而，员工拒绝加班是否构成严重违纪呢？企业又能否因此解雇员工呢？这是一个复杂而敏感的问题，涉及劳动法规的各个方面。员工拒绝加班时处理不当，很容易引发法律纠纷。

案例场景

2016年3月，小江加入了一家陶瓷公司，担任生产工人。2018年10月，由于订单需要加急处理，老板亲自来到车间，找到车间主管和小江，要求小江当晚加班以赶工期。小江表示："老板，我晚上已经有安排了，我不加班，您找其他人吧。"老板听后十分生气，回应道:"你今晚不加班,明天也别来上班了!"小江也不甘示弱:"不来就不来!"第二天,小江便向劳动仲裁委员会申请赔偿,认为公司违法解除劳动合同,要求赔偿4万元。劳动仲裁委员会经过审理,判定公司违法,裁决公司支付4万元赔偿金。老板对此结果不满,上诉至法院,但最终法院仍维持原判。

问题分析

上述案例中的纠纷之所以发生,主要有以下原因:

1. 对员工拒绝加班的困惑。许多老板认为,公司安排加班是基于工作需要,如果没有紧急任务,公司不会强制加班。加班后,公司也会支付相应的加班费,能为员工带来额外收入。如果员工拒绝加班,订单可能无法按时完成,公司可能会承担违约责任。因此,老板们通常认为加班是合理且必要的。

2. 员工对加班的矛盾态度。一些员工希望通过加班获得额外收入,但也有部分员工宁愿放弃加班费也不愿意加班。尤其是在旅游、酒店等服务行业,这种情况更为明显。一些年轻员工不愿意加班,令管理层感到困惑,不知如何应对。此外,有些员工在与老板发生矛盾时,可能会利用加班问题作为对抗手段,甚至希望被解雇以便通过法律途径获得赔偿。

3. 法律与企业实操的冲突。根据《中华人民共和国劳动法》,企业安排加班需要与员工协商一致,且必须支付相应的加班费。企业单方面强制员工加班并以此为由解雇员工,通常会被视为违法解除劳动合同。

解决建议

为了预防因加班问题产生的劳动用工纠纷,公司可以采取以下措施(如图7-2所示):

- 入职时明确沟通
- 合法支付加班费
- 灵活采用综合工时制
- 提前沟通加班事宜
- 明确加班休息规定
- 紧急加班合法合理

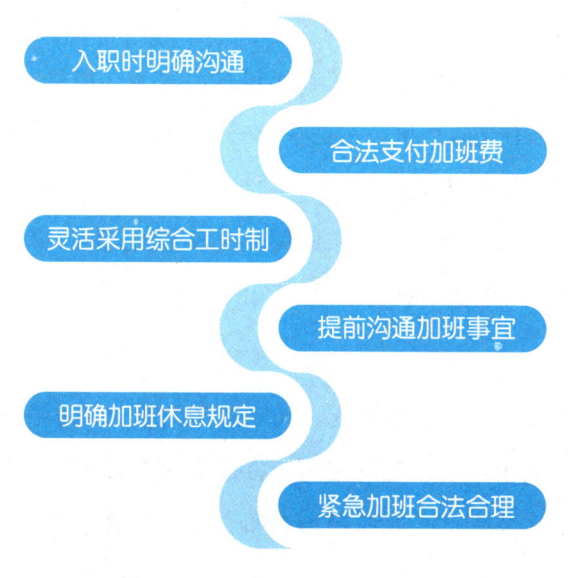

图 7-2　预防加班纠纷的六项措施

1. 入职时明确沟通。从员工入职开始，就应明确告知公司的加班政策和现状，强调如果员工能接受公司的工作环境和要求，欢迎加入；如果不能接受，可以选择不加入。

2. 合法支付加班费。确保加班费的支付既合理又符合法律规定。公司可以通过正向激励，鼓励员工在必要时加班。

3. 灵活采用综合工时制。对于特殊行业，可以采用综合工时制或不定时工作制，明确周末和其他时间的工作安排，减少员工的抵触情绪。

4. 提前沟通加班事宜。如果因紧急订单需要加班，应提前与员工沟通，说明加班的必要性和预期时长。对员工进行心理层面的沟通，避免机械式或强制性的加班要求。如果员工在明确告知必须加班的情况下拒绝加班，导致企业损失，企业可以要求员工承担相应的赔偿责任。

5. 明确加班休息规定。在公司制度中明确规定加班和休息时间的处理方式。通过员工大会或书面确认确保员工对加班政策的同意，尽量减少非必要的加班。

6. 紧急加班合法合理。明确在不可抗力、公众利益、国防紧急需求等情况下，员工有义务加班。在这些情况下，如果员工不履行加班义务，企业可以依法采取相应措施。

通过这些步骤，企业可以在尊重员工权益的同时，确保运营效率和合规性，有效处理加班问题。

总结提示

确保加班安排符合法律规定，明确员工的权益和企业的义务，是避免劳动纠纷的关键。企业在制定和执行加班政策时，应充分考虑员工的合理需求和法律要求，采取积极沟通和合理激励的方式，营造和谐的劳动关系。

相关法律链接

《中华人民共和国劳动法》

第三十六条规定，国家实行劳动者每日工作时间不超过八小时、平均每周工作时间不超过四十四小时的工时制度。

第四十一条规定，用人单位由于生产经营需要，经与工会和劳动者协商后可以延长工作时间，一般每日不得超过一小时；因特殊原因需要延长工作时间的，在保障劳动者身体健康的条件下延长工作时间每日不得超过三小时，但是每月不得超过三十六小时。

第四十三条规定，用人单位不得违反本法规定延长劳动者的工作时间。

第四十四条规定，有下列情形之一的，用人单位应当按照下列标准支付高于劳动者正常工作时间工资的工资报酬：

（一）安排劳动者延长工作时间的，支付不低于工资的百分之一百五十的工资报酬；

（二）休息日安排劳动者工作又不能安排补休的，支付不低于工资的百分之二百的工资报酬；

（三）法定休假日安排劳动者工作的，支付不低于工资的百分之三百的工资报酬。

《中华人民共和国劳动合同法》

第三十九条规定，劳动者有下列情形之一的，用人单位可以解除劳动合同：

（一）在试用期间被证明不符合录用条件的；

（二）严重违反用人单位的规章制度的；

（三）严重失职，营私舞弊，给用人单位造成重大损害的；

（四）劳动者同时与其他用人单位建立劳动关系，对完成本单位的工作任务造成严重影响，或者经用人单位提出，拒不改正的；

（五）因本法第二十六条第一款第一项规定的情形致使劳动合同无效的；

（六）被依法追究刑事责任的。

第四十条规定，有下列情形之一的，用人单位提前三十日以书面形式通知劳动者本人或者额外支付劳动者一个月工资后，可以解除劳动合同：

（一）劳动者患病或者非因工负伤，医疗期满后不能从事原工作，也不能从事由用人单位另行安排的工作的；

（二）劳动者不能胜任工作，经过培训或者调整工作岗位，仍不能胜任工作的；

（三）劳动合同订立时所依据的客观情况发生重大变化，致使劳动合同无法履行，经用人单位与劳动者协商，未能就变更劳动合同内容达成协议的。

第四十七条规定，经济补偿按劳动者在本单位工作的年限，每满一年支付一个月工资的标准向劳动者支付。

第三讲　病假处理：员工长期泡病假，企业应如何应对？

在企业管理中，员工的病假问题一直是一个棘手的难题。尤其是对于一些长期泡病假的员工，企业管理者不仅要面对员工的健康问题，还要应对企业运作的挑战以及可能带来的法律风险。

案例场景

在广东的一家门窗制品厂里，小李已经工作了4年，劳动合同即将到期。由于担心老板不会续签合同，小李在合同到期前递交了一份病假申请。这次病假一请就是8个月。根据公司规定，员工的最长病假期限为6个月，小李的病假明显超出了这一期限。老板对小李从未请过病假且突然请长病假感到疑惑，便去医院了解情况，但被告知病人隐私不能查询。

老板认为病假工资不多，便暂时没有追究。然而，老板偶然从其他工人那里得知，小李在请病假期间，竟在另一家公司上班。得知此消息后，老板十分气愤，立即给小李发了解雇通知书。

然而，小李出示了医院连续开具的休假证明，声称自己在病假期间，公司无权解除合同，要求公司支付违法解除劳动关系的赔偿金，赔偿金高达5万元。老板为此大为恼火。

问题分析

上述案例之所以发生，主要反映了以下几个问题：

1. 诚信问题。小李利用虚假的病假资料来达到自己的目的，违背了职场诚信原则，损害了企业的利益和团队的信任基础。企业需要加强对员工诚信的培养和考核，确保员工明白诚信的重要性。

2. 管理漏洞。小李能够长时间请病假并在其他公司工作，说明企业在病假管理上存在漏洞。企业需要建立更为严格的病假审核流程，包括对病假证明的核实、与医院的沟通机制，以及对员工病假期间活动的监督。

3. 法律风险。小李在被解雇后提出赔偿要求，暴露了企业在处理员工关系时可能面临的法律风险。企业在解除劳动合同时，必须确保程序合法、理由充分，避免因处理不当而产生额外的法律成本和声誉损失。同时，企业应加强法律意识，确保所有管理决策都符合相关法律法规。

解决建议

企业如何应对员工泡病假的行为呢？以下步骤可供参考（如图7-3所示）：

图7-3 应对员工泡病假行为的三个步骤

第一步，完善公司规章，健全病假制度。

1. 要求二甲以上医院证明。企业最好不要指定某一个特定的医院，而应要求员工提供二甲以上医院的诊断证明，以保证证明的权威性。

2. 要求提供完整材料。除了诊断证明外，还应要求员工提供相关的医疗发票等材料，以相互印证，证明员工真实就医行为。

3. 审核诊断证明。仔细检查诊断证明的真实性，注意是否存在违规开具的诊断证明的情况，比如就诊科室与证明科室不一致，医生信息不符等。

第二步，加强员工病假期间的监督。

1. 监测员工活动。在病假期间，如果员工有异常活动，如外出旅游等，应及时进行调查，判断是否存在违背诚信的行为。

2. 防止代开虚假的休假证明。警惕员工通过不正当手段，获取假的病假证明，注意证明上的日期、医生签名等细节。

3. 收集证据。一旦发现员工在病假期间从事与病情不符的活动，应及时收集证据，为后续处理提供依据。

第三步，依法依规处理违规行为。

1. 要求员工解释。如果发现员工在病假期间有不当行为，应要求其回公司进行合理解释，说明情况。

2. 提醒与警告。在员工无法提供合理解释的情况下，应明确提醒其行为可能属于泡病假，并根据公司规章制度进行警告。

3. 采取纪律处分。根据员工的具体情况和公司规定，可以采取相应的纪律处分，如开除、按旷工处理或按严重违纪处理等。

在处理这类问题时，企业应坚持合理、公正的原则，既要保护员工的合法权益，也要维护企业的正常运营秩序。同时，企业应加强内部管理，增强员工的诚信意识，避免类似事件的发生。通过这些措施，企业可以更有效地解决员工长期泡病假的问题，维护企业和员工双方的利益。

总结提示

在处理员工长期泡病假问题时，企业必须坚持合理、公正的原则，保护员工的合法权益，维护企业的正常运营秩序。同时，企业应加强内部管理，提升员工的诚信意识，避免类似问题重现。通过健全的规章制度、严格的病假管理以及依法依规的处理方法，企业可以有效应对员工长期泡病假的情况，确保企业和员工之间的和谐关系。

相关法律链接

《中华人民共和国劳动合同法》

第三十九条规定，劳动者有下列情形之一的，用人单位可以解除劳动合同：

（一）在试用期间不符合录用条件的；

（二）严重违反用人单位的规章制度的；

（三）严重失职，营私舞弊，给用人单位造成重大损害的；

（四）劳动者同时与其他用人单位建立劳动关系，对完成本单位的工作任务造成严重影响，或者经用人单位提出，拒不改正的；

（五）劳动者被依法追究刑事责任的。

（在此案例中，如果小李的病假证明是虚假的，且在病假期间为其他用人单位工作，就构成了违反劳动合同的情况。）

第四十条规定，劳动者患病或者非因工负伤，在规定的医疗期满后不能从事原工作，也不能从事由用人单位另行安排的工作的，用人单位提前三十日以书面形式通知劳动者本人或者额外支付劳动者一个月工资后，可以解除劳动合同。

第四十六条规定，用人单位依照本法第四十条规定解除劳动合同的，用人单位应当向劳动者支付经济补偿。

第四十七条规定，经济补偿按劳动者在本单位工作的年限，每满一年支付一个月工资的标准向劳动者支付。六个月以上不满一年的，按一年计算；不满六个月的，向劳动者支付半个月工资的经济补偿。

第八十七条规定，用人单位违反本法规定解除或者终止劳动合同的，应当依照本法第四十七条规定的经济补偿标准的二倍向劳动者支付赔偿金。

第四讲 年休假处理：企业如何应对年休假处理不当的风险？

在企业运营过程中，年休假问题常常成为企业管理者与员工之间的矛盾焦点。一些企业主担心，如果员工不休年假，企业需支付三倍工资的额外成本，这将给企业带来沉重的经济负担。与此同时，若批准员工年休假，又担心会影响企业的正常运营，尤其是在关键岗位人员休假时，更是担心工作安排和项目进度。

案例场景

小陈于2018年9月1日入职某药品公司，担任销售职务，每月工资为9000元，劳动合同期限至2024年9月1日。然而，2022年11月23日，由于小陈涉嫌虚报销售业绩，公司决定停发其工资。小陈愤而向劳动仲裁委申请仲裁，要求公司支付自2019年9月1日起至2022年11月23日的带薪年休假工资，共计215899元。

在仲裁庭审过程中，小陈引用《职工带薪年休假条例》，主张其自2019年9月1日起即有权享受年休假，公司未能合理安排其休假，也未支付相应的工资补偿。而公司则认为，小陈的工资已包含了所有待遇，包括年休假工资，且小陈涉嫌业绩造假，无权要求年休假工资补偿。然而，仲裁结果及后续法院审理均判决公司支付小陈带薪年休假工资 37862.56 元。

问题分析

年休假纠纷在劳动争议案件中较为普遍，对企业而言，这类问题往往难以应对。员工在离职时，通常会主张年休假工资，特别是在有专业律师介入的情况下，企业败诉率非常高。企业在年休假问题上频繁败诉的原因主要有两点：

1. 没有严格遵守法律。尽管法律明确规定企业必须为员工提供带薪年假，但许多企业在实际操作中并未执行，忽视了员工的法定休假权益。

2. 实际操作困难。企业在安排年休假时常面临人手紧张和工作量大的困境，导致无法合理安排员工休假，进而未能支付相应的经济补偿。

解决建议

针对年休假问题频发的现状，企业可以采取以下措施预防和处理年休假纠纷（如图 7-4 所示）：

1	2	3	4	5	6
明确年休假权益	优化人力资源管理	合理安排年休假	制定完善的年休假管理制度	法定假期与年休假相结合	员工放弃年休假的处理

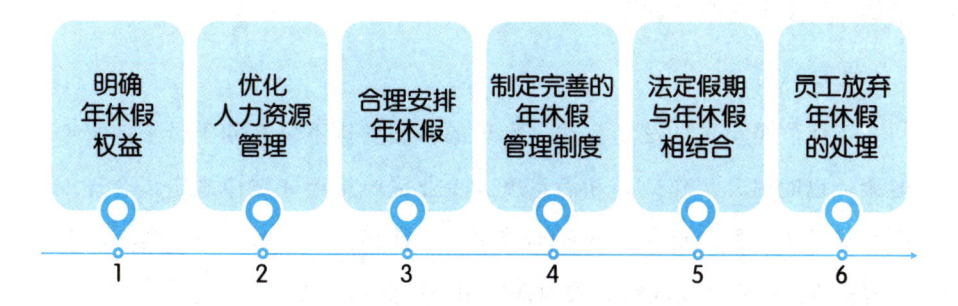

图 7-4　预防和处理年休假纠纷的六项措施

1. 明确年休假权益。企业需对年休假的法律规定有清晰认识，明确员工的休假权利，包括休假时间的累计和计算方式。年休假是根据员工的累积工作年限计算，而不仅仅是本单位的工作年限。

2. 优化人力资源管理。通过合理的人力资源规划，确保在关键岗位员工休假时有足够的人手进行替补，避免影响正常运营。

3. 合理安排年休假。企业应与员工充分沟通，根据实际工作情况合理安排休假时间，同时考虑员工的个人意愿，避免因休假安排不当引发纠纷。

4. 制定完善的年休假管理制度。建立健全的年休假管理制度，明确休假程序、休假计算和工资支付等规则。根据《企业职工带薪年休假实施办法》，用人单位若未安排员工休假，需支付 300% 的工资，其中包含正常工作期间的工资收入。

5. 法定假期与年休假相结合。企业可利用春节等法定假期灵活安排年休假。虽然法定春节假期仅有 4 天，但企业可将额外假期与年休假结合使用，既保障员工权益，又合理安排公司运营。

6. 员工放弃年休假的处理。如果员工自愿放弃年休假，企业须记录在案，并按照正常标准支付工资。企业应确保员工放弃休假是自愿且知情的，避免未来产生争议。

总结提示

年休假是员工的法定权益，合理的休假安排不仅有助于员工的身心健康，也能提升工作效率和满意度。企业应严格遵守法律规定，合理安排和管理年休假，避免因管理不善引发法律风险。同时，员工也应积极了解和维护自身合法权益，共同营造和谐的劳动环境。

相关法律链接

《职工带薪年休假条例》

第二条规定，机关、团体、企业、事业单位、民办非企业单位、有雇工的个体工商户等单位的职工连续工作1年以上的,享受带薪年休假(以下简称年休假)。单位应当保证职工享受年休假。

第三条规定,职工累计工作已满1年不满10年的,年休假5天;已满10年不满20年的,年休假10天;已满20年的,年休假15天。

国家法定休假日、休息日不计入年休假的假期。

第五条规定,单位根据生产、工作的具体情况,并考虑职工本人意愿,统筹安排年休假。

年休假在1个年度内可以集中安排,也可以分段安排,一般不跨年度安排。单位因生产、工作特点确有必要跨年度安排职工年休假的,可以跨1个年度安排。

单位确因工作需要不能安排职工休年休假的,经职工本人同意,可以不安排职工休年休假。对职工应休未休的年休假天数,单位应当按照该职工日工资收入的300%支付年休假工资报酬。

《企业职工带薪年休假实施办法》

第四条规定,年休假天数根据职工累计工作时间确定。职工在同一或者不同用人单位工作期间,以及依照法律、行政法规或者国务院规定视同工作期间,应当计为累计工作时间。

第十条规定,用人单位经职工同意不安排年休假或者安排职工年休假天数少于应休年休假天数的,应当在本年度内对职工应休未休年休假天数,按照其日工资收入的300%支付未休年休假工资报酬,其中包含用人单位支付职工正常工作期间的工资收入。

第十一条规定,计算未休年休假工资报酬的日工资收入按照职工本人的月工资除以月计薪天数(21.75天)进行折算。

第五讲　待岗休息：如何规避员工待岗处理不当引发的法律风险？

在劳动用工领域，待岗制度作为一种灵活的用工方式，既为企业提供了应对经营困境的缓冲期，也引发了诸多劳动争议。在特别的经济形势下，部分企业因业务停滞或资金困难，倾向于通过待岗制度来减少用工成本。然而，若操作不当，企业将面临巨大的法律风险。

案例场景

A玻璃制品公司因遭受国际市场环境影响，订单减少很多，多个生产线停产。考虑到成本问题，公司决定安排部分员工待岗，并向全体员工发出待岗通知，以及承诺按照当地最低工资标准的70%向员工支付生活费。

考虑到家庭开销较大，大部分员工不同意公司的待岗方案，要求公司全额支付工资。甚至部分员工认为公司是通过待岗变相裁员，要求公司支付因"变相裁员"产生的经济补偿金。

问题分析

实践中，在处理待岗问题时，企业经常出现的错误做法主要包括以下几种（如图7-5所示）：

1. 无故安排待岗。企业没有充分的经济原因或生产任务不足等合理依据，就单方面安排员工待岗，这种行为是违法的。员工可以要求解除合同并支付经济补偿。

2. 变相裁员。企业将待岗作为变相裁员或逼迫员工自行离职的手段，如通过降低待遇、无限期延长待岗时间等方式迫使员工离职，以逃避支付解除劳动合同的经济补偿或赔偿金。

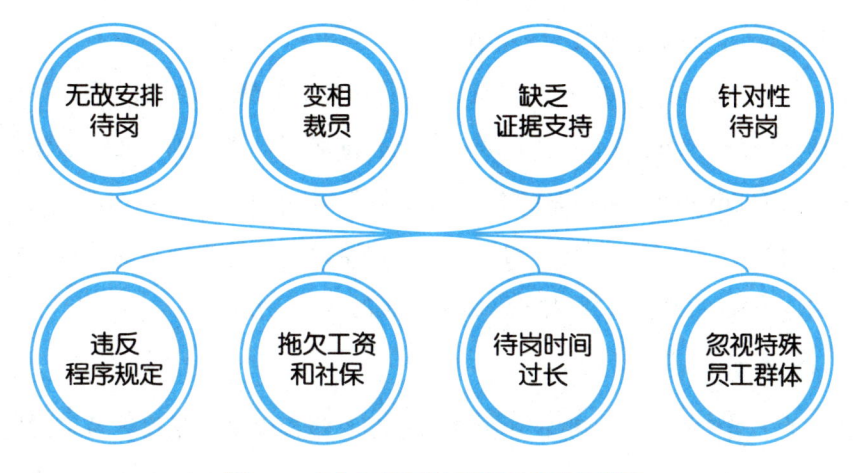

图 7-5　企业处理待岗问题的八种常见错误

3. 缺乏证据支持。企业未能提供生产任务不足或经营情况不佳的充分证据，就安排员工待岗，这同样属于违法行为。

4. 针对性待岗。企业仅针对部分员工（如业绩不佳、与管理者关系紧张的员工）安排待岗，而非基于客观的生产经营需要，这种针对性的待岗安排往往也是不合法的。

5. 违反程序规定。企业在安排待岗时未遵循法定程序，如未经过职工代表大会或全体职工讨论，未进行公示，未书面通知劳动者等，这些都会使待岗安排的有效性受到质疑。

6. 拖欠工资和社保。企业在待岗期间未按照国家规定支付员工生活费或未继续为员工缴纳社会保险费用，这也是常见的违法行为。

7. 待岗时间过长。企业以经营困难为由长期安排员工待岗，而不积极寻求恢复生产经营或重新安排员工上岗的途径，这也是不合理和不合法的做法。即使法律未对待岗时间做出明确规定，待岗也只应是企业经营困难时的暂时性用工措施，不能长期不提供劳动条件给劳动者，否则劳动者可以据《中华人民共和国劳动合同法》第三十八条第一款要求解除劳动合同，同时要求支付补偿金。

8. 忽视特殊员工群体。企业在安排待岗时未考虑到特殊员工群体（如三期女职工、工伤停工留薪期职工、医疗期职工、在本单位连续工作满十年且距退休不足五年的职工）的权益保护，这也是错误的做法。

因此，企业在处理待岗问题时，应严格遵守法律法规，确保待岗安排的合法性和合理性，同时充分保障员工的合法权益。

解决建议

关于员工待岗，如果企业出现上述常见错误做法，就很容易引发用工纠纷，那么，如何规避待岗处理不当带来的法律风险呢？具体建议如下（如图7-6所示）：

01 明确待岗原因并保留证据
02 遵循合法程序并书面通知
03 合理确定生活费标准
04 继续缴纳社会保险
05 制订待岗应急预案
06 加强法律培训与咨询

图7-6 规避员工待岗法律风险的六条建议

1. 明确待岗原因并保留证据。企业应确保待岗安排是基于经济原因或生产任务不足等客观因素，并保留相关证据，如财务报表、生产计划、市场分析报告等。证据应具有客观性、真实性和关联性，以便在劳动争议中作为有力支撑。

2. 遵循合法程序并书面通知。企业应提前与员工进行沟通协商，说明待岗原因、期限、生活费标准等事项，并听取员工或职工代表大会意见。双方协商一致后，企业应出具书面待岗通知，明确待岗期间的权利义务，确保员工充分知情。

3. 合理确定生活费标准。企业应按照当地规定支付生活费，特别是第一个工资支付周期内的，应依法按劳动合同规定的标准支付劳动者工资。第二个工资支付周期后，也要确保不低于最低工资标准的一定比例（如北京为70%，广东为80%等）。生活费标准应公开透明，不得随意降低或克扣。不少企业在第一个工资支付周期内未依法支付工资，导致存在未依法足额支付工资的风险。

4. 继续缴纳社会保险。在待岗期间，企业应继续为员工缴纳社会保险，确保员工的社会保障权益不受损害。企业应明确告知员工社会保险的缴纳情况，避免产生误解或纠纷。

5. 制订待岗应急预案。企业应制订待岗应急预案并灵活调整，明确待岗期间的各项管理制度和操作流程。若企业生产经营状况好转，应及时通知员工返岗并恢复工资待遇。

6. 加强法律培训与咨询。企业应定期组织劳动法律法规培训，提高管理人员的法律意识和合规能力。在遇到复杂或争议较大的待岗问题时，企业应及时咨询专业律师或法律顾问的意见。

总结提示

待岗制度作为企业应对经营困境的一种手段，具有其合理性和必要性。然而，企业在实施待岗制度时必须遵循法律法规的规定，确保待岗原因充分、程序合法、标准合理、关系和谐。只有这样，才能有效规避法律风险，维护企业和员工的合法权益。

相关法律链接

《中华人民共和国劳动合同法》

第三十五条规定，用人单位与劳动者协商一致，可以变更劳动合同约定的内容。变更劳动合同，应当采用书面形式。

变更后的劳动合同文本由用人单位和劳动者各执一份。

第三十八条规定，用人单位有下列情形之一的，劳动者可以解除劳动合同：

（一）未按照劳动合同约定提供劳动保护或者劳动条件的；

（二）未及时足额支付劳动报酬的。

第四十六条规定，劳动者依照本法第三十八条规定解除劳动合同的，用人单位应当向劳动者支付经济补偿。

《工资支付暂行规定》

第十二条规定，非因劳动者原因造成单位停工、停产在一个工资支付周期内的，用人单位应按劳动合同规定的标准支付劳动者工资。超过一个工资支付周期的，若劳动者提供了正常劳动，则支付给劳动者的劳动报酬不得低于当地的最低工资标准；若劳动者没有提供正常劳动，应按国家有关规定办理。

第六讲　违约条款审查：员工签名的违约金条款有法律效力吗？

在劳动合同中，违约金条款常常成为争议的焦点。很多企业主困惑于为何双方自愿签订的违约金条款，最终却得不到法律的支持和保护。

案例场景

许工是一家技术公司的技术总监，年薪8万元。许工向公司承诺一年内为公司取得研发专利并确保产品达到国家质量标准，如果达不到，则许工愿意承担40万元的违约金。双方签订了包含该违约金条款的劳动合同。

一年后，由于公司管理不善，发生了质量事故，导致产生约200万元的损失。许工承认自己负有主要管理责任，并提出辞职。

公司要求许工支付40万元的违约金，但许工表示无法承担。双方争执不下，最终提交了劳动仲裁申请。结果，劳动仲裁委裁定不支持公司的违约金要求。

问题分析

上述案例中，为何劳动仲裁委不支持违约金条款？原因如下：

1. 特殊法属性。劳动合同法规与一般民事合同法规有本质区别，属于特殊法。它必须考虑到劳动者和企业之间的不平等地位，尤其是劳动者的人身依附性和自主性较弱的情况。

2. 违约情形法定。根据《中华人民共和国劳动合同法》第二十二条、二十三条、二十五条的规定，除服务期违约金、竞业限制违约金外，劳动合同中不得约定违约金。由于劳动者处于弱势地位，法律特别保护劳动者权益，禁止随意设定违约金条款。

3. 劳动者权益保护。《中华人民共和国劳动合同法》体现了对劳动者的特别保护。劳动者在劳动关系中处于弱势，法律通过限制违约金条款，确保劳动者不会因不公平的合同条款而受到损害。此外，在劳资关系中，企业需承担主要责任，因此，让员工承担全部损失是不合理的。

基于以上原因，许工签订的违约金条款，因不符合《中华人民共和国劳动合同法》规定而被裁定无效。

解决建议

那么，企业应该如何与员工合理设定违约金条款呢（如图7-7所示）？

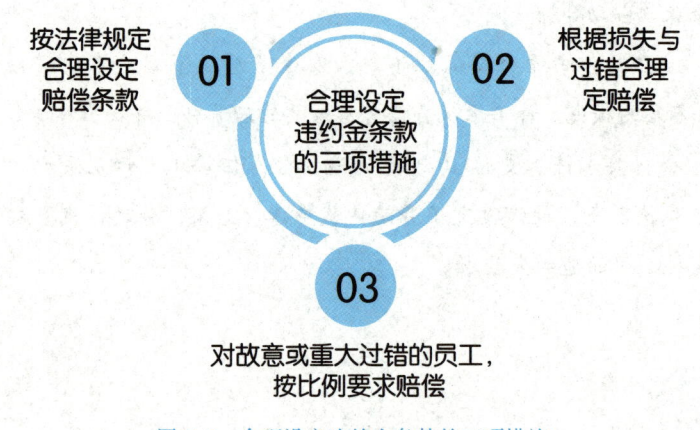

图7-7 合理设定违约金条款的三项措施

1. 按法律规定合理设定赔偿条款。企业在设定违约金条款时，首先要确保遵守《中华人民共和国劳动合同法》等相关法律、法规。例如，员工未提前一个月通知解除合同，企业可要求赔偿由此造成的损失，而不是直接约定违约金。同时，企业需明确损失的计算方法和依据，确保赔偿数额客观、公正、合理，避免要求过高。

2. 根据损失与过错合理定赔偿。当员工因过错导致企业损失时，企业应根据实际损失的大小和员工的过错程度来确定赔偿额度。赔偿数额需客观评估，避免要求过高，以免法院不予支持。同时，企业需收集和保留相关证据，以证明损失的存在和员工的过错。

3. 对故意或重大过错的员工，按比例要求赔偿。如果员工的行为构成故意或重大过错并导致企业损失，企业可以要求员工按其过错程度承担一定比例的损失。但这种责任的承担也要根据员工的过错程度、管理职责范围、工作流程等因素来判断。如果能确定员工构成重大过错或故意犯错，企业可要求其承担合理比例的损失，如 20%～30%。

总结提示

企业在设定违约金条款时，既要保护自身权益，也要遵守法律规定，尊重劳动者的权益。特别是在培训费用、竞业限制和保密条款等特殊情形下设定违约金时，企业应详细了解相关法律规定，并在专业法律人士指导下进行，以确保合同条款的合法性和有效性。

相关法律链接

《中华人民共和国劳动合同法》

第二十二条规定，用人单位为劳动者提供专项培训费用，对其进行专业技术培训的，可以与该劳动者订立协议，约定服务期。

劳动者违反服务期约定的，应当按照约定向用人单位支付违约金。违约金的数额不得超过用人单位提供的培训费用。用人单位要求劳动者支付的违约金不得超过服务期尚未履行部分所应分摊的培训费用。

用人单位与劳动者约定服务期的，不影响按照正常的工资调整机制提高劳动者在服务期间的劳动报酬。

第二十三条规定，用人单位与劳动者可以在劳动合同中约定保守用人单位的商业秘密和与知识产权相关的保密事项。

对负有保密义务的劳动者，用人单位可以在劳动合同或者保密协议中与劳动者约定竞业限制条款，并约定在解除或者终止劳动合同后，在竞业限制期限内按月给予劳动者经济补偿。劳动者违反竞业限制约定的，应当按照约定向用人单位支付违约金。

第二十五条规定，除本法第二十二条和第二十三条规定的情形外，用人单位不得与劳动者约定由劳动者承担违约金。

第八章　经营变动与员工权益

第一讲　效益不好：经济下滑，员工工资发放能否延期？

当经济环境不佳时，许多企业的现金流会极为紧张，影响了员工工资的正常发放。面对这种情况，企业应如何合法、合规地暂缓发放工资，成为许多中小企业主必须面对和解决的难题。

案例场景

朱先生于2021年9月与某公司签订劳动合同，在维修岗位工作，约定月工资为5000元。2022年，公司因经营困难，决定暂缓发放部分工资。同年8月，公司通过工会向员工说明了经营困难的情况，并经工会同意后，加盖公章，通过工作群将工资发放方案通知了员工，从9月起将只发放一半工资，并承诺在年底前补发剩余部分，同时保障保险和公积金的正常缴纳。

然而，朱先生在9月收到工资的一半后，生活出现困难，遂以公司未足额、按时发放劳动报酬为由，提出书面解除劳动合同，并向劳动相关部门申请解除劳动关系，要求支付赔偿金50000元。

最终，经过劳动仲裁委、一审和二审法院的裁判，均认为公司的做法不构成违法，不支持朱先生的赔偿金请求。

问题分析

上述案例说明在经济环境不好的情况下，企业因为现金流紧张，可以延迟发放员工工资。但是，在处理员工工资迟延发放的问题时，企业要注意以下三点（如图8-1所示）：

- 经营困难时才能暂时调整工资支付结构
- 保障员工的基本权益不损失
- 适当进行信息披露与沟通

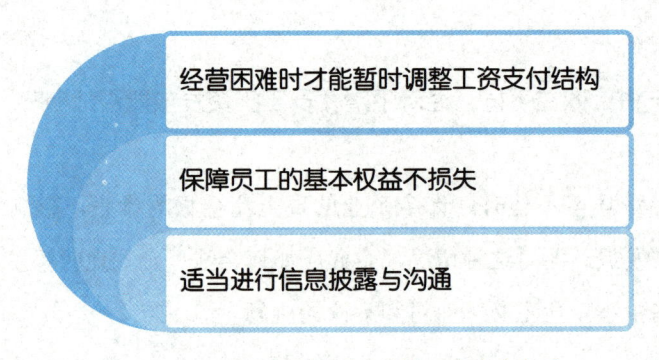

图8-1　处理工资迟延发放问题的三点注意事项

1. 经营困难时才能暂时调整工资支付结构。根据《中华人民共和国劳动合同法》第四十一条规定，用人单位确因生产经营上的原因需要减少工作人员时，应当提前30日说明情况，听取工会的意见或者将情况通知全体职工。上述公司已通过工会明确通知了经济困难的情况，并按照法律规定进行了处理。

2. 保障员工的基本权益不损失。上述公司虽然暂缓发放部分工资，但保证了保险和公积金的正常缴付，符合《中华人民共和国社会保险法》和《住房公积金管理条例》对雇主义务的规定，体现了在财务困难情况下仍尽力保障员工利益的原则。

3. 适当进行信息披露与沟通。上述公司通过工会向员工披露了经营状况，并与工会达成一致，依法进行了沟通和处理，这可以作为重要的程序合法性依据。

根据公司的承诺及经营状况，员工可以监督并确保公司在年底前能够补发剩余部分的工资。建议公司与员工继续进行深入沟通，探讨更多互惠互利的解决方案，以减轻员工的经济压力，如提供有竞争力的补偿方案等。

解决建议

经济环境不好时，企业应如何合法、合规地暂缓发工资呢？以下建议可供参考（如图8-2所示）：

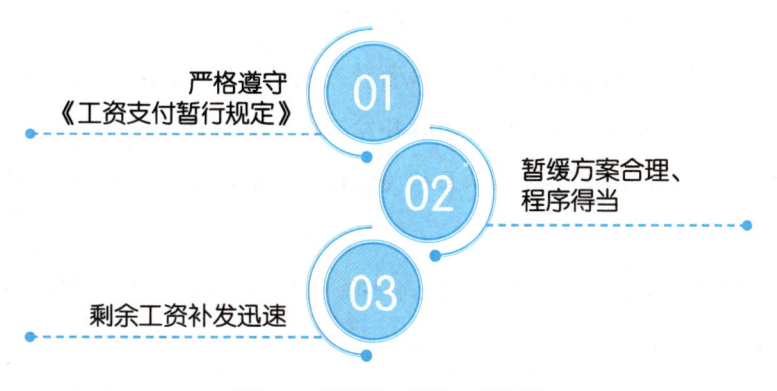

图8-2　暂缓发工资的三项建议

1. 严格遵守《工资支付暂行规定》。企业在考虑暂缓发放工资时，必须严格遵守《工资支付暂行规定》等相关法律法规。除非有特殊情况，企业应在每月结束后的下个月底前支付员工工资。对于有特别规定的地区，如深圳，企业应遵循当地的具体规定。

此外，企业还应与员工进行充分沟通，说明经营困难的情况，并征求员工的理解和支持。如果企业设有工会，应通过工会讨论并达成共识。

如果没有工会，可以通过职工代表大会或全体职工大会进行表决，获得2/3的同意即可。对于未能参加会议的员工，企业应通过公示告知，并尽可能让员工签名确认，以确保信息的透明和公正。

2. 暂缓方案合理、程序得当。企业在制定暂缓发放工资的方案时，需要确保方案的合理性和可行性。这包括明确暂缓的时间、比例、补发计划等，并在法律顾问的指导下，确保方案的合法性。同时，企业应与工会合作，通过工会向员工传达信息，确保沟通的透明度和公正性。

此外，企业还应向劳动监察部门报备暂缓发放工资的方案，以符合监管要求。一些企业主可能因为缺乏法律意识，直接以口头形式告知员工经营困难，而没有遵循法定程序，这可能导致企业承担拖欠工资的法律责任，甚至引发不必要的劳动纠纷。

3. 剩余工资补发迅速。企业在暂缓发放工资期间，应定期向员工更新经营状况，并在情况好转时及时补发工资。企业必须通过合理合法的程序进行补发，如果企业不熟悉相关的程序，则需要法律专业人士提供专业指导意见。

通过上述措施，企业可以在经济环境不佳时，通过合法合规的方式，妥善处理延期发放工资的问题。

总结提示

在经济环境不佳时，企业可通过依法延期发薪缓解现金流紧张，但需遵循法律、法规，充分沟通并获得工会或职工大会同意，确保方案透明和公正。企业应及时补发工资，并与专业人士合作，确保方案合法可行，从而合法合规地度过经济困难时期。

相关法律链接

《中华人民共和国劳动法》

第五十条规定，工资应当以货币形式按月支付给劳动者本人。不得克扣或者无故拖欠劳动者的工资。

《中华人民共和国劳动合同法》

第三十条规定，用人单位应当按照劳动合同约定和国家规定，向劳动者及时足额支付劳动报酬。

第三十一条规定，用人单位应当严格遵执行劳动定额标准，不得强迫或者变相强迫劳动者加班。用人单位安排加班的，应当按照国家有关规定向劳动者支付加班费。

第三十八条规定，用人单位未及时足额支付劳动报酬的，劳动者可以解除劳动合同。

《工资支付暂行规定》

第七条规定，工资必须在用人单位与劳动者约定的日期支付，至少每月支付一次。

第十八条规定，用人单位克扣或者无故拖欠劳动者工资的，由劳动行政部门责令其支付劳动者工资和经济补偿，并可责令其支付赔偿金。

第二讲 合同到期：企业需要提前通知员工吗？

在劳动法领域，关于劳动合同到期时企业是否需要提前通知员工这一问题，许多企业主和员工都存在疑惑。当劳动合同即将到期时，企业是否有义务提前通知员工呢？如果企业没有提前通知，可能会产生哪些后果？这些都是企业和员工需要面对和解决的问题。

案例场景

吴先生在某公司工作已满3年，每月工资1万元。随着劳动合同到期日的临近，吴先生多次询问公司是否希望他继续留下，但公司始终未给出明确的回复。直到合同到期前仅剩7天，公司突然决定不再与吴先生续签。这一决定让吴先生感到非常生气和措手不及。同时，由于公司未能提前通知，吴先生在找工作时处于被动状态，感到自己的权益受到了侵害。

吴先生认为，公司应该提前1个月通知他合同不再续签，以便他有足够的时间准备寻找新的工作机会。因此，他要求公司除了按照工作时间每满1年补偿1个月工资的标准支付3万元补偿金外，还应该因公司未提前通知，额外补偿1个月工资（待通知金），共计4万元。

问题分析

对于上述案件，分析如下：

1. 公司未能提前通知吴先生是否续约，不违反《中华人民共和国劳动合同法》的规定，因为法律没有明确要求在劳动合同到期时必须提前通知员工。

2. 公司应当在劳动合同到期当天，按照吴先生在公司的工作年限，支付经济补偿金（即工作满3年，支付3个月工资的经济补偿金）。

3. 吴先生要求的额外1个月工资作为补偿（待通知金）缺乏法律依据，因此，不予支持。

解决建议

为避免类似问题的发生，企业在处理劳动合同到期问题时，可以参考以下建议（如图8-3所示）：

图 8-3　处理劳动合同到期问题的两点建议

1. 提前沟通和确认。尽管法律没有规定用人单位必须提前一个月通知员工劳动合同到期不续约,但出于合理性考虑,用人单位应尽早通知员工,以便员工有时间准备并寻找下一份工作,避免双方发生不必要的纠纷。

2. 及时支付工资和经济补偿金。在员工劳动合同到期的当日,用人单位应根据法律规定履行其应尽的义务,包括及时支付员工工资等。如果不续签劳动合同的提议是由用人单位提出的,那么用人单位应当支付解除劳动关系的补偿金。如果不续签劳动合同的建议是员工提出的,则企业不需要支付经济补偿金。

总结提示

劳动合同到期时,企业虽然没有法定义务提前通知员工,但提前通知可以体现对员工的尊重,且更有合理性,能够避免不必要的纠纷和负面影响。企业应积极与员工沟通,明确续签或不续签的意向,确保劳动关系的和谐稳定。

相关法律链接

《中华人民共和国劳动合同法》

第四十条规定，有下列情形之一的，用人单位提前三十日以书面形式通知劳动者本人或者额外支付劳动者一个月工资后，可以解除劳动合同：

（一）劳动者患病或者非因工负伤，在规定的医疗期满后不能从事原工作，也不能从事由用人单位另行安排的工作的；

（二）劳动者不能胜任工作，经过培训或者调整工作岗位，仍不能胜任工作的；

（三）劳动合同订立时所依据的客观情况发生重大变化，致使劳动合同无法履行，经用人单位与劳动者协商，未能就变更劳动合同内容达成协议的。

第四十四条规定，有下列情形之一的，劳动合同终止：

（一）劳动合同期满的；

（二）劳动者开始依法享受基本养老保险待遇的；

（三）劳动者死亡，或者被人民法院宣告死亡或者宣告失踪的；

（四）用人单位被依法宣告破产的；

（五）用人单位被吊销营业执照、责令关闭、撤销或者用人单位决定提前解散的；

（六）法律、行政法规规定的其他情形。

第四十六条规定，有下列情形之一的，用人单位应当向劳动者支付经济补偿：

（一）劳动者依照本法第三十八条规定解除劳动合同的；

（二）用人单位依照本法第三十六条规定向劳动者提出解除劳动合同并与劳动者协商一致解除劳动合同的；

（三）用人单位依照本法第四十条规定解除劳动合同的；

（四）用人单位依照本法第四十一条第一款规定解除劳动合同的；

（五）除用人单位维持或者提高劳动合同约定条件续订劳动合同，劳动者不同意续订的情形外，依照本法第四十四条第一项规定终止固定期限劳动合同的；

（六）依照本法第四十四条第四项、第五项规定终止劳动合同的；

（七）法律、行政法规规定的其他情形。

第四十七条规定，经济补偿按劳动者在本单位工作的年限，每满一年支付一个月工资的标准向劳动者支付。六个月以上不满一年的，按一年计算；不满六个月的，向劳动者支付半个月工资的经济补偿。

劳动者月工资高于用人单位所在直辖市、设区的市级人民政府公布的本地区上年度职工月平均工资三倍的，向其支付经济补偿的标准按职工月平均工资三倍的数额支付，向其支付经济补偿的年限最高不超过十二年。

本条所称月工资是指劳动者在劳动合同解除或者终止前十二个月的平均工资。

第三讲 企业搬迁：如何妥善处理企业搬迁带来的法律风险？

企业搬迁是一个复杂且具有潜在法律风险的过程。企业在决定搬迁的过程中，需全面考虑员工的利益，避免因搬迁引发的劳动争议。本讲将通过一个实际案例，详细分析企业搬迁的法律风险及其解决方案，以期为企业管理者提供参考。

案例场景

在广州番禺有一家外贸公司，因经济不景气和租金高昂，决定从广州番禺区搬迁到租金较低的广州白云区。尽管公司提前告知员工并承诺提供班车和交通补贴，仍有员工对搬迁表示不满。特别是员工小李，他认为公司搬迁影响了他的生活，就以劳动合同签订时的客观条件发生重大变化为由，向劳动仲裁委员会提出申请，要求解除劳动合同并要求经济补偿金近7万元。

最后劳动仲裁委经过审理，并未支持小李的请求。

问题分析

针对上述案例，我们可以从以下几个角度进行分析：

1. 企业经营压力。企业因经济环境变化和高额租金的压力，决定搬迁以降低成本，企业的这种为了生存和发展采取的搬迁措施具有一定的合理性。

2. 员工生活影响。员工在番禺区已经安家，搬迁到白云区将对其日常生活造成重大不便，包括孩子的学校、家庭的生活习惯等。因此，员工对搬迁的抵触情绪可以理解。

3. 合同履行问题。劳动合同中明确约定了工作地点，企业搬迁相当于变更合同条件。如果双方不能就变更合同达成一致，员工有权要求解除劳动合同并寻求经济补偿。

4. 合理性与合法性。从企业角度看，搬迁是为了生存的合理选择；但从员工角度看，搬迁严重影响了他们的合理生活需求，这显得不合理。企业需在合理性与合法性之间找到平衡。

根据广东省《关于妥善解决当前劳资纠纷重点问题的通知》（粤人

社发〔2013〕189号）文件的相关内容，可以从以下四个关键点分析小李的请求是否会得到支持（如图8-4所示）：

图8-4 企业搬迁纠纷的四个关键点

1. 行政区范围内的搬迁。文件指出，如果企业在本市行政区内变更工作地点，这属于规定范围内的搬迁。

2. 提供便利条件。企业需为员工提供交通补贴或免费交通工具等便利条件，以减轻搬迁对员工生活的影响。

3. 对员工生活的影响。如果企业提供了便利条件，且实际上没有对员工的生活造成明显影响，劳动合同应继续履行。

4. 经济补偿金的支付。在满足上述条件的情况下，企业无需向员工支付经济补偿金。

解决建议

作为企业，如何妥善处理企业搬迁带来的法律风险呢？以下建议可供参考：

1. 搬迁范围和提供条件。企业搬迁必须在本市行政范围内进行，如从广州的番禺区搬到白云区，最好不要跨市搬迁。企业还要提供必要的交通和住宿条件来保障员工权益，减少搬迁对他们生活的影响。这包括提供免费班车或交通补贴，调整上下班时间，甚至改善住宿条件，确保员工的日常生活不会受到显著干扰。

2. 协商和信息透明。企业在搬迁前应进行充分协商，通过工会或职工代表与员工沟通，确保搬迁决策的合理性得到广泛认可。企业可以提前发放一定的工资，并与员工进行充分沟通，确保他们了解搬迁的必要性和企业所提供的保障措施。企业应发布正式文件和公告，明确搬迁的具体安排和对员工的支持措施，以提高透明度和信任度。

总结提示

企业搬迁，虽是出于经营需要的不得已行为，但在实施过程中，应当充分考虑员工的实际情况和需求。企业可以通过提供便利条件、进行充分协商和保持信息透明，来减少对员工生活的影响。只有在满足这些条件的情况下，企业才可能避免支付经济补偿金。如果企业未能满足上述要求，应考虑给予员工适当的补偿和安排。

相关法律链接

《关于妥善解决当前劳资纠纷重点问题的通知》（粤人社发〔2013〕189号）

第三条规定，规范企业与员工劳动合同履约行为。各级人力资源社会保障部门要根据转型升级的具体情形，指导企业与员工依法履行劳动合同。企业变更名称、法定代表人、主要负责人或者投资人（股东）等事项的，劳动合同继续履行；企业发生合并、分立或者"三来一补"企业转型登记为企业法人的，劳动合同继续履行；企业在本市行政区域内搬迁变更工作地点的，如职工上下班可乘坐本市公共交通工具，或企业提供交通补贴、免费交通工具接送等便利条件，对职工生活未造成明显影响的，劳动合同继续履行。劳动合同继续履行的，企业无需支付经济补偿，职工的本企业工作年限连续计算。

第三篇

员工离职篇

第九章　辞职与离职管理

第一讲　辞职规范：员工未提前通知辞职的法律风险

在快节奏的现代职场中，员工的辞职问题日渐凸显，尤其是员工未提前 30 天通知辞职，给企业带来了不少的经营难题和法律风险。

案例场景

顺德有一家流水线家具生产企业，每个岗位的员工在生产过程中都起着至关重要的作用。2024 年 5 月 15 日，工厂内的一名安装工张某在未提前通知的情况下，通过微信告知该家具厂老板："老板，我从今天开始不来上班了。"

该家具厂老板收到消息后，立即采取紧急措施寻找替代人员，但由于时间仓促，未能及时找到合适人员，这就导致生产线上的安装工岗位空缺，生产过程因此中断，产生了直接的经济损失。

该家具厂老板之后起诉主张，由于张某未提前 30 天书面通知辞职，违反了《中华人民共和国劳动合同法》第三十七条的规定，导致工厂生产停滞，严重影响了公司的正常运作，造成重大损失。该家具厂老板因此要求扣除张某 1 个月的工资作为赔偿。

问题分析

上述案例中，该家具厂能否扣除张某1个月的工资作为赔偿呢？具体分析如下：

根据《中华人民共和国劳动合同法》第三十七条规定，员工在非试用期主动解除劳动合同，应提前30天书面通知用人单位；试用期内，应提前3天通知。该法律条文明确了员工辞职需提前通知的义务。然而，法律未具体说明若员工未履行提前通知义务，是否可直接对其进行经济处罚。

但依据《广东省工资支付条例》第十五条的规定，如果员工的行为给企业造成经济损失，用人单位可根据劳动合同的约定要求员工赔偿。赔偿金额可从员工工资中扣除，但扣除后的工资余额不得低于当地最低工资标准。

上述案件中，张某的行为直接导致该家具厂的生产线中断，给家具厂造成了实际经济损失。家具厂有权根据《广东省工资支付条例》第十五条的规定，要求被告赔偿相应的经济损失，但是扣除的金额有限制。

解决建议

中小企业如何预防和应对员工未提前通知就辞职带来的法律风险呢？以下解决建议可供参考（如图9-1所示）：

1. 明确劳动合同条款。在签订劳动合同时，明确规定员工辞职需提前通知的时间（如至少提前30天）。详细写明如果员工未按规定提前通知，企业将如何计算和赔偿因此产生的损失，例如扣除相应的工资或奖金。

2. 设立损失赔偿条款。合同中设立合法合规的违约金条款，员工未提前通知辞职不属于可约定违约金的情形，但是可以约定造成损失需赔偿。所以，一定要在劳动合同中明确未提前通知辞职从而导致产生损失的赔偿标准，但要注意不得超过法律规定的范围。

```
   1 明确劳动      2 设立损失
     合同条款        赔偿条款

 3 保存招聘和   4 完善      5 内部
   培训费用凭证    离职程序      管理优化

     6 建立紧急    7 营造良好
       应对机制      企业文化
```

图9-1 预防和应对员工未通知辞职的风险的七点建议

3. 保存招聘和培训费用凭证。企业要注意保存招聘费用、培训费用的票据，以及员工突然辞职对企业生产经营造成影响的相关证明文件。这些证据将在劳动争议中作为企业举证时的重要依据。

4. 完善离职程序。要建立标准化的离职程序，包括填写辞职申请表、交接工作清单等，还要确保员工了解并遵循离职程序，使辞职过程有序进行。

5. 内部管理优化。通过员工手册等形式，明确各岗位的工作职责和离职程序，让员工了解自己的权利和义务。建立有效的沟通渠道，定期与员工沟通，及时解决其合理诉求，减少因沟通不畅导致的突然辞职。

6. 建立紧急应对机制。制定突发事件预案，如某岗位员工突然辞职，及时安排其他员工临时顶替或迅速启动招聘程序，确保企业生产经营不因个别员工突然辞职而受到严重影响。

7. 营造良好企业文化。注重员工关怀和福利，营造积极的工作氛围，增强员工的归属感和忠诚度，从根本上减少员工离职率。

通过以上具体、明确的操作步骤，中小企业可以有效预防和应对员工未提前通知辞职的问题，保护企业的合法权益。

相关法律链接

《中华人民共和国劳动合同法》

第三十七条规定，劳动者提前三十日以书面形式通知用人单位，可以解除劳动合同。劳动者在试用期内提前三日通知用人单位，可以解除劳动合同。

第九十条规定，劳动者违反本法规定解除劳动合同，或者违反劳动合同中约定的保密义务或者竞业限制，给用人单位造成损失的，应当承担赔偿责任。

《中华人民共和国民法典》

第五百七十七条规定，当事人一方不履行合同义务或者履行合同义务不符合约定，应当承担继续履行、采取补救措施或者赔偿损失等违约责任。

第二讲　离职交接：离职员工未完成交接，企业能否扣发工资？

员工离职时未完成工作交接的问题在企业管理中并不罕见，尤其对于关键岗位，未交接工作会给企业带来严重的业务中断和经济损失。面对这种情况，企业能否扣留员工工资直至其完成交接？很多企业在处理此类问题时常有困惑。

案例场景

李某于2019年1月入职某公司担任财务总监。2022年，公司因业务发展需要搬迁，但李某与其他一些员工不同意搬迁。对于离职员工，除了给经济补偿金之外，公司决定再多给予员工1个月工资作为补偿，但要求离职员工完成工作交接。由于财务工作的重要性，李某的交接尤为关键。

然而，公司发现李某未能交接一些重要资料，这使老板非常恼火，决定暂时扣留其工资，直至李某完成交接。李某对此不服，向劳动仲裁委员会提出申请，要求解除劳动关系，并要求公司支付经济补偿金和剩余工资。

经过仲裁调解，公司最终支付了李某的工资和经济补偿金。

问题分析

在职场中，员工离职后未完成工作交接是一个常见问题。一些员工在离职时不辞而别，或者未能交接关键的信息，如办公密码和重要文件，导致新员工无法顺利接手工作。面对这种情况，不少老板选择暂扣离职员工的工资，直至完成交接。

但是，上述做法是否合法？这是许多老板关心的问题。

第一，根据《工资支付暂行规定》第九条的规定，当劳动者与用人单位解除或终止劳动合同时，用人单位应同时一次性结清劳动者的工资。

第二，《中华人民共和国劳动合同法》第五十条指出，劳动者在解除或终止劳动合同时，应按照双方约定办理工作交接。然而，若劳动者未按要求完成交接，法律仅规定可以拒绝支付经济补偿金，并未明确其他处罚措施。

因此，即使员工未完成交接，用人单位不能强行扣留员工的工资。但是，员工书面确认同意扣留工资的情况除外。

解决建议

如何防范员工离职未交接给企业带来的用工法律风险呢？以下解决

建议可供参考（如图9-2所示）：

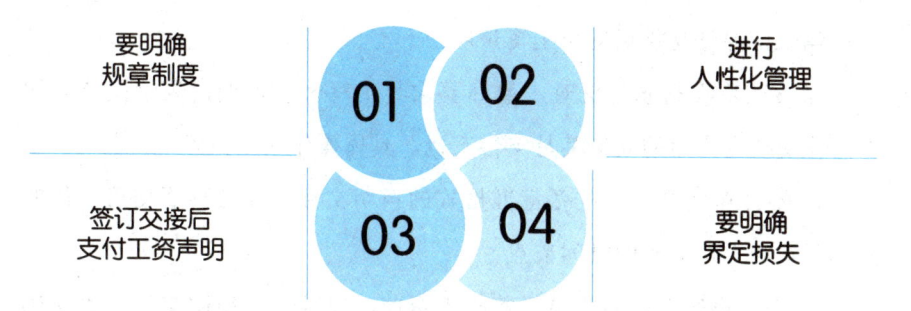

```
要明确              进行
规章制度           人性化管理
      01    02

      03    04
签订交接后           要明确
支付工资声明         界定损失
```

图9-2 防范员工离职未交接风险的四项建议

第一，要明确规章制度。

在员工入职时，应在劳动合同和公司规章制度中明确规定离职时必须办理交接手续。具体操作如下：

1. 签订离职交接协议。要求员工签订劳动合同的同时，签订一份离职交接协议，详细规定离职时的交接要求和流程。

2. 培训和告知。在员工入职培训时，明确告知离职交接的必要性和重要性，确保员工充分理解相关规定。

3. 定期检查和更新。定期检查和更新公司规章制度，确保离职交接规定符合最新法律要求和公司实际情况。

第二，进行人性化管理。

在工作交接过程中，应尽量采取人性化管理。具体操作如下：

1. 沟通与关怀。与即将离职的员工保持良好的沟通，了解其离职原因，并给予必要的支持和关怀，避免员工产生抵触情绪。

2. 制订合理的交接计划。与离职员工共同制订合理的交接计划，明确交接的具体内容、时间和责任人，确保交接过程顺利进行。

3. 激励措施。适当给予离职员工一些激励措施，如交接完成后发放一定的奖金或提供推荐信，鼓励员工积极配合交接工作。

第三，签订交接后支付工资声明。

在员工签收离职工资时，最好要求其手写一份声明，表示同意公司在工作交接完成后的某年某月支付工资。具体操作如下：

1. 签订声明文件。准备标准格式的声明文件，详细列明交接工作的具体要求和支付工资的时间节点。

2. 签字确认。在离职员工签收工资前，要求其在声明文件上签字确认，并留存一份副本，作为日后可能出现争议的证据。

3. 存档管理。将离职员工的声明文件存档，确保公司能够随时查阅和使用，保障公司合法权益。

第四，要明确界定损失。

若员工未完成交接导致公司损失，可根据《工资支付暂行规定》第十六条规定，主张经济损失。具体操作如下：

1. 明确损失范围。在公司规章制度中明确界定因未交接工作导致的经济损失范围，如业务中断、客户流失、额外的招聘和培训成本等。

2. 损失评估和计算。成立专门的评估小组，对因未交接工作导致的实际经济损失进行评估和计算，确保损失金额合理合法。

3. 法律追讨。若员工拒绝赔偿公司损失，可通过法律途径追讨，确保公司的合法权益得到保障。

总结提示

在处理员工离职交接问题时，理解和遵守法律规定是基础。通过建立完善的规章制度、实施人性化管理和明确损失界定，公司可有效应对员工离职未交接工作的问题，确保企业正常运营。

相关法律链接

《工资支付暂行规定》

第九条规定，劳动关系双方依法解除或终止劳动合同时，用人单位应在解除或终止劳动合同时一次付清劳动者工资。

《中华人民共和国劳动合同法》

第五十条规定，劳动者应当按照双方约定，办理工作交接。用人单位依照本法有关规定应当向劳动者支付经济补偿的，在办结工作交接时支付。

第三讲　末位淘汰：如何预防末位淘汰操作不当引发的法律风险？

在现代企业管理中，绩效考核是衡量员工工作表现的主要方式之一。而其中，末位淘汰制作为一种激励和鞭策员工的管理模式，广泛应用于各类企业。然而，末位淘汰制的运用也可能引发法律风险，如果企业在执行过程中操作不当，容易导致劳动争议。

案例场景

2022年7月，小美大学毕业后在一家自媒体公司应聘短视频制作工作，并签订了3年劳动合同，同时签订了绩效考核协议，约定如果连续3个月在小组内绩效考核排名末位，公司有权解除劳动合同。

2022年8～10月，小美连续3个月绩效考核排名最后，公司提出解除劳动合同。

小美认为自己已经尽力工作，要求公司支付违法解除劳动合同的经济赔偿金。

问题分析

在实际操作中，用人单位通过末位淘汰制淘汰、辞退员工的做法，常常是引用《中华人民共和国劳动合同法》中的"不胜任工作"的相关条款。

然而，末位淘汰并不等同于员工不胜任工作，即使员工不胜任工作，用人单位也需根据法律规定为其提供培训或调整岗位，只有在员工经培训或调整岗位后仍不胜任工作的情况下，才能解除劳动合同并支付补偿金。否则用人单位将面临违法解除劳动合同的法律风险。

根据《中华人民共和国劳动合同法》，用人单位解除劳动合同必须符合法定条件和程序，不允许企业在法律规定之外自行创设解除条件。因此，用人单位以末位淘汰为由单方解除劳动合同的行为没有法律依据，属于违法行为。

解决建议

那么，企业如何预防末位淘汰操作不当引发的法律风险呢？以下建议可供参考：

第一，制定合法的规章制度。

1. 程序合法。用人单位在制定绩效考核和末位淘汰制度时，应当经过职工代表大会或全体职工讨论，提出草案，听取意见，并与工会或职工代表平等协商后确定。

2. 内容合法。规章制度应当符合法律法规的规定，不得包含违反劳动相关法规的内容。例如，不能将末位淘汰直接作为解除劳动合同的依据。

3. 告知义务。用人单位应当将规章制度公示或告知全体员工，确保员工知晓和理解相关制度。

第二，合理运用末位淘汰制（如图9-3所示）。

01 区分绩效与胜任能力

02 提供帮助和改进机会

03 合法解除劳动合同

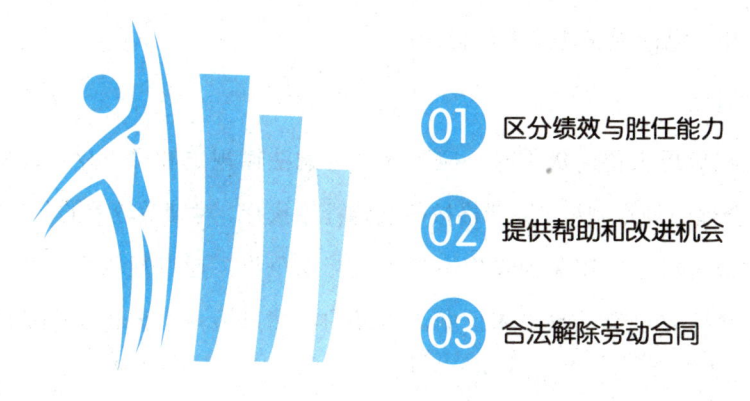

图9-3 合理运用末位淘汰制的三个重点

1. 区分绩效与胜任能力。用人单位应当明确绩效考核中末位不等同于不胜任工作。对考核排名末位的员工，用人单位首先应当提供培训或调整工作岗位，而非直接解除劳动合同。

2. 提供帮助和改进机会。对绩效较差的员工，用人单位应当提供改进机会，通过培训、岗位调整等方式帮助员工提升工作能力。

3. 合法解除劳动合同。在员工经过培训或岗位调整后仍不能胜任工作的情况下，用人单位可以依据《中华人民共和国劳动合同法》的规定，提前30天书面通知员工或额外支付1个月工资，并支付经济补偿金，合法解除劳动合同。

第三，妥善处理劳动争议。

1. 证据保留。用人单位应当保存员工绩效考核的客观记录和改进措施的相关证据，以备在劳动争议中提供依据。

2. 积极协商解决。当员工对末位淘汰结果不满时，用人单位应积极与员工协商，寻求双方都能接受的解决方案。

3. 法律救济途径。员工认为用人单位违法解除劳动合同时，可以向劳动行政部门、劳动监察部门投诉，或直接申请劳动仲裁。如对仲裁结果不服，还可以向人民法院提起诉讼。

总结提示

企业在运用末位淘汰制时，应当充分考虑法律规定和员工权益，制定合法、合理的规章制度，并严格按照法定程序执行。对绩效较差的员工，应当提供改进机会，避免因操作不当引发劳动争议。通过规范管理和合法操作，企业可以有效预防末位淘汰引发的法律风险，维护和谐稳定的劳动关系。

相关法律链接

《中华人民共和国劳动合同法》

第三十九条规定，劳动者严重违反用人单位的规章制度的，用人单位可以解除劳动合同。

第四十条规定，劳动者不能胜任工作，经过培训或者调整工作岗位，仍不能胜任工作的，用人单位提前三十日以书面形式通知劳动者本人或者额外支付劳动者一个月工资后，可以解除劳动合同。

第四十七条规定，经济补偿按劳动者在本单位工作的年限，每满一年支付一个月工资的标准向劳动者支付。六个月以上不满一年的，按一年计算；不满六个月的，向劳动者支付半个月工资的经济补偿。

第八十七条规定，用人单位违反本法规定解除或者终止劳动合同的，应当依照本法第四十七条规定的经济补偿标准的二倍向劳动者支付赔偿金。

《第八次全国法院民事商事审判工作会议（民事部分）纪要》

第二十九条规定，用人单位在劳动合同期限内通过"末位淘汰"或"竞争上岗"等形式单方解除劳动合同，劳动者可以用人单位违法解除劳动合同为由，请求用人单位继续履行劳动合同或者支付赔偿金。

第四讲　辞职申请：员工辞职，需要公司批准吗？

员工辞职是劳动关系中不可避免的一部分，但在实际操作过程中，用人单位在面对辞职申请时的不当处理，往往会引发一系列法律纠纷。

案例场景

小何是一家建筑工程公司的工程师，已任职5年。2020年7月，小何因个人原因，向公司提出辞职申请。公司因未能及时找人代替小何的工作，于是从2020年8月开始，就给小何的月工资涨了500元。2020年10月，因小何和工程主管产生口角，公司便向小何提出，公司已经审批同意小何辞职的申请，要求小何办理离职交接手续。

小何认为公司违法解除劳动合同，提起劳动仲裁申请。劳动仲裁委认为，小何的辞职申请已失效，公司属于违法解除劳动合同，最后判决公司支付赔偿金。

问题分析

上述案例之所以产生争议，原因如下：

1. 默示行为的法律效力。公司在小何提交辞职申请后未明确回复，却通过加薪500元的条件让小何继续上班。小何接受加薪并继续工作，实际表明双方达成继续履行劳动合同的一致意见。公司在数月后突然同意辞职申请，属于违法解除劳动合同。

2. 辞职申请的有效期。小何的辞职申请应在合理时间内处理，否则视为失效。公司在几个月后突然同意辞职，显然超出合理期限，违反了劳动法律的相关规定。

解决建议

用人单位如何预防因员工离职手续审批不当引发的法律纠纷呢？以下建议可供参考（如图9-4所示）：

保障员工辞职的合法权利

设置明确的辞职流程和处理时限

记录双方沟通细节

谨慎使用默示行为

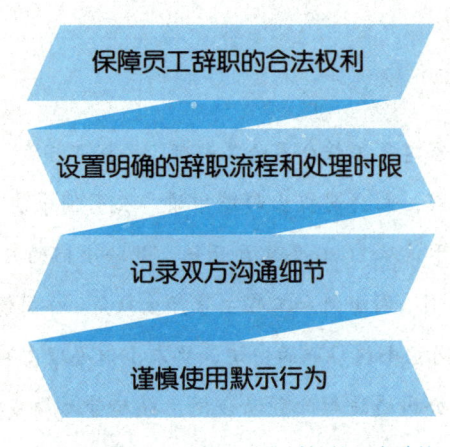

图9-4 预防员工离职手续纠纷的四点建议

1. 保障员工辞职的合法权利。辞职是劳动者的合法权利，只需提前通知用人单位并履行相应手续即可解除劳动合同。根据《中华人民共和国劳动合同法》第三十七条规定，劳动者提前30日以书面形式通知用人单位，可以解除劳动合同；劳动者在试用期内提前3日通知用人单位，可以解除劳动合同。因此，辞职是国家法律赋予劳动者的权利，不管用人单位是否批准，劳动者履行正常的辞职手续后就可以解除劳动合同。

2. 设置明确的辞职流程和处理时限。用人单位应在内部规章制度中明确规定辞职申请的处理流程和处理时限，如果用人单位对于员工辞职没有异议的，通常应在30天内予以办理离职交接相关手续，以避免拖延造成的法律风险。

3. 记录双方沟通细节。在处理辞职申请时，用人单位应通过书面形式记录双方的沟通和反馈，避免口头回复引发误解，包括邮件、书面通知等形式。

4. 谨慎使用默示行为。用人单位应避免通过加薪、调岗等默示行为回应员工的辞职申请，这种方式容易引发法律风险，应以书面形式明确回复员工的辞职申请。

总结提示

通过以上案例分析，我们可以看到，用人单位在处理员工辞职申请时，应严格遵守劳动合同法规的相关规定，避免因审批不当引发法律纠纷。设置明确的辞职流程和处理时限、记录沟通细节、慎用默示行为，是用人单位降低法律风险、维护自身和员工合法权益的重要措施。

相关法律链接

《中华人民共和国劳动合同法》

第三十七条规定，劳动者提前三十日以书面形式通知用人单位，可以解除劳动合同。劳动者在试用期内提前三日通知用人单位，可以解除劳动合同。

第三十八条规定，用人单位有下列情形之一的，劳动者可以解除劳动合同：

（一）未按照劳动合同约定提供劳动保护或者劳动条件的；

（二）未及时足额支付劳动报酬的；

（三）未依法为劳动者缴纳社会保险费的；

（四）用人单位的规章制度违反法律法规的规定，损害劳动者权益的；

（五）因本法第二十六条第一款规定的情形致使劳动合同无效的；

（六）法律、行政法规规定劳动者可以解除劳动合同的其他情形。

第四十六条规定，有下列情形之一的，用人单位应当向劳动者支付经济补偿：

（一）劳动者依照本法第三十八条规定解除劳动合同的；

（二）用人单位依照本法第三十六条规定向劳动者提出解除劳动合同并与劳动者协商一致解除劳动合同的。

第五讲　员工离职：企业未开具离职证明，需要承担什么责任？

离职证明作为劳动者与原用人单位解除劳动关系的正式书面文件，不仅承载着证明劳动关系终止的法律效力，还直接关系到劳动者后续的职业发展和就业权益。然而，部分企业出于种种原因，拒绝或拖延为离职员工开具离职证明，这种行为不仅违反了国家法律法规，也给劳动者带来了不必要的困扰和损失。

案例场景

2020年1月，小陈入职某管材公司担任销售跟单员。2022年7月，该管材公司以小陈连续旷工为由将其辞退，并要求小陈在限定时间内办理离职交接。

小陈在完成交接后多次要求该管材公司出具离职证明，均遭公司拒绝。之后，小陈应聘多家新公司，均因没有离职证明而被拒绝录用。

小陈很恼火，认为管材公司拒开离职证明已属于违法，且给自己寻找新工作造成诸多障碍，于是便向劳动仲裁委申请仲裁，要求该管材公司赔偿损失。

问题分析

实践中，不少企业在员工离职后，拒绝或未及时给员工开具离职证明，这种行为，是否违法呢？是否需要向员工赔偿呢？

1. 企业不开具离职证明是否违法？

根据《中华人民共和国劳动合同法》第五十条明确规定："用人单位应当在解除或者终止劳动合同时出具解除或者终止劳动合同的证明，并在十五日内为劳动者办理档案和社会保险关系转移手续。"因此，为离职员工出具离职证明是用人单位的法定义务，用人单位不得以任何理由拒绝或拖延。可见，该管材公司未向小陈出具离职证明的行为违反了法律规定。

2. 企业需承担哪些赔偿责任？

（1）失业保险待遇损失：依据《实施〈中华人民共和国社会保险法〉若干规定》第十九条，因用人单位未出具离职证明导致劳动者无法享受失业保险待遇的，用人单位应承担赔偿责任。

（2）入职新单位机会损失：如因缺少离职证明导致劳动者错失新工作机会或年休假计算有误，用人单位可能需赔偿相应的经济损失。

解决建议

企业如何预防因离职证明处理不当引发的法律纠纷呢？具体建议如下（如图9-5所示）：

1. 启动离职程序。当劳动者提出离职申请或企业决定解雇员工时，立即启动离职程序，并通知相关部门和人员。

2. 完成离职交接。按照企业规定，指导劳动者完成离职交接工作，确保企业资产和信息的顺利过渡。

启动离职程序　　　出具离职证明　　　跟踪与反馈

完成离职交接　　　交付离职证明

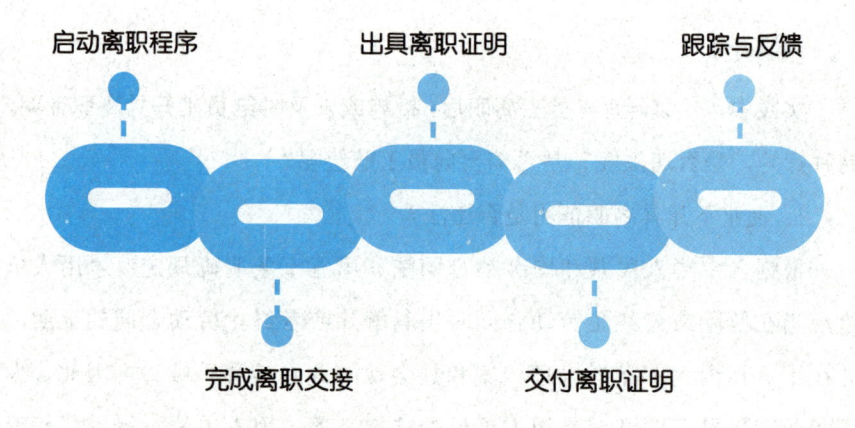

图 9-5　预防离职证明纠纷的五点具体建议

3. 出具离职证明。人力资源部门在审核离职手续齐全无误后，按照法律规定出具离职证明，并明确标注劳动合同期限、解除日期、工作岗位及工作年限等关键信息。

4. 交付离职证明。将离职证明交付给离职员工本人或其指定代理人，并保留交付凭证以备查证。

5. 跟踪与反馈。建立离职员工档案，定期跟踪其就业情况，收集反馈意见，以便不断改进和完善离职管理流程。

相关法律链接

《中华人民共和国劳动合同法》

第五十条规定，用人单位应当在解除或者终止劳动合同时出具解除或者终止劳动合同的证明，并在十五日内为劳动者办理档案和社会保险关系转移手续。

《实施〈中华人民共和国社会保险法〉若干规定》

第十九条规定，用人单位在终止或者解除劳动合同时拒不向职工出具终止或者解除劳动关系证明，导致职工无法享受社会保险待遇的，用人单位应当依法承担赔偿责任。

《中华人民共和国劳动合同法实施条例》

第二十四条规定，用人单位出具的解除、终止劳动合同的证明，应当写明劳动合同期限、解除或者终止劳动合同的日期、工作岗位、在本单位的工作年限。

《职工带薪年休假条例》

第三条规定，职工累计工作已满 1 年不满 10 年的，年休假 5 天；已满 10 年不满 20 年的，年休假 10 天；已满 20 年的，年休假 15 天。

国家法定休假日、休息日不计入年休假的假期。

第六讲 工龄计算：员工离职又入职，工龄如何计算？

在劳动用工领域，离职员工的再入职现象越发频繁，这既为企业节省了招聘成本，又加速了员工与岗位的匹配进程。然而，此类情形下的工龄确认及相关管理问题，却常常成为劳动纠纷的焦点。

案例场景

2017 年 1 月，小陈入职一家钢材公司，担任销售员一职。2020 年 1 月，因感觉在公司发展空间有限，小陈提出离职。同年 3 月，经过多方尝试后，小陈发现该钢材公司仍是最适合自己的选择，于是重新回归。

2020 年 5 月，因工资问题，小陈与公司发生争议，并申请了劳动仲裁，要求支付 2017 年 1 月至 2020 年 5 月期间的加班费和年休假工资。公司则以小陈 2020 年 3 月重新入职为由，拒绝支付其 2017 年 1 月至 2020 年 3 月期间的加班工资和年休假工资，认为此段工龄已"清零"。

问题分析

实践中，企业处理离职后又入职的员工，常常会出现哪些风险呢？具体分析如下（如图9-6所示）：

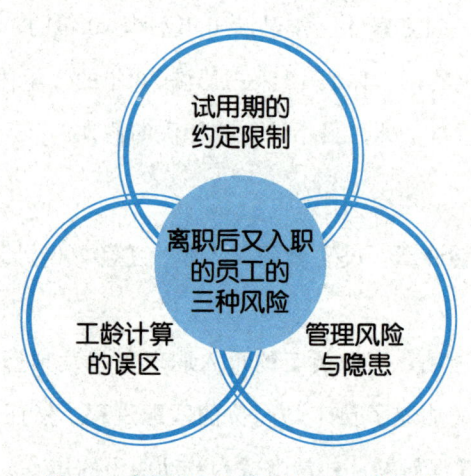

图9-6 离职后又入职的员工的三种风险

1. 试用期的约定限制。许多企业对于重新回归的离职员工，能否再设定试用期存在认识上的误区。这些企业错误地认为，可以再次设定试用期来评估该员工的工作能力。然而，根据《中华人民共和国劳动合同法》第十九条第二款的规定，同一用人单位与同一劳动者只能约定一次试用期。这意味着，一旦用人单位与员工已经约定过试用期，无论员工是离职后再次入职，还是岗位发生调整，企业都不得再次约定试用期。

2. 工龄计算的误区。许多企业在处理回归的离职员工时，对工龄的计算存在认识上的误区。这些企业错误地认为，员工离职后再入职，其在本单位的工龄应重新计算，以前的工龄则"清零"。然而，在司法实践中，工作年限是否连续计算主要有以下情形：

（1）员工因个人原因从企业离职，后又重新入职单位的，在本单位的工龄将会"清零"；

（2）员工严重违反规章制度等，因过错被企业合法解除劳动合同的，再次入职时工龄重新计算；

（3）员工"被迫离职"、合同期满或被裁员，企业已支付经济补偿的，再次入职时工龄重新计算；

（4）企业为了减少工龄计算，迫使员工解除劳动合同离职后又重新入职的，工作年限应当连续计算；

（5）通过设立关联企业，在与劳动者签订合同时交替变换用人单位名称的，计算赔偿金时工作年限合并计算；

（6）企业违法解除劳动合同，员工通过劳动仲裁、法院诉讼继续履行劳动合同，工作年限连续计算；

（7）企业存在非法劳务派遣或其他明显违反诚信和公平原则的规避行为，计算赔偿金时工作年限合并计算；

（8）有些地区有自己的特别规定，如深圳明确用人单位与劳动者解除或终止劳动合同，在6个月内重新签订劳动合同的，除符合《中华人民共和国劳动合同法》第三十九条规定之外，劳动者在本单位的工龄应当连续计算。

3. 管理风险与隐患。因工龄计算方式存在争议，企业在处理回归的离职员工时，往往会面临一系列管理挑战。特别是在年休假和劳动合同签署等问题上，由于工龄认定的不确定性，企业与员工之间可能产生分歧，进而引发管理风险。

因此，企业需要谨慎处理离职又入职的员工工龄问题，以避免潜在的劳动纠纷。

解决建议

企业在面对离职又入职的员工时，工龄问题处理不当往往容易引发法律纠纷。为了预防此类问题，可以参考以下解决方法（如图9-7所示）：

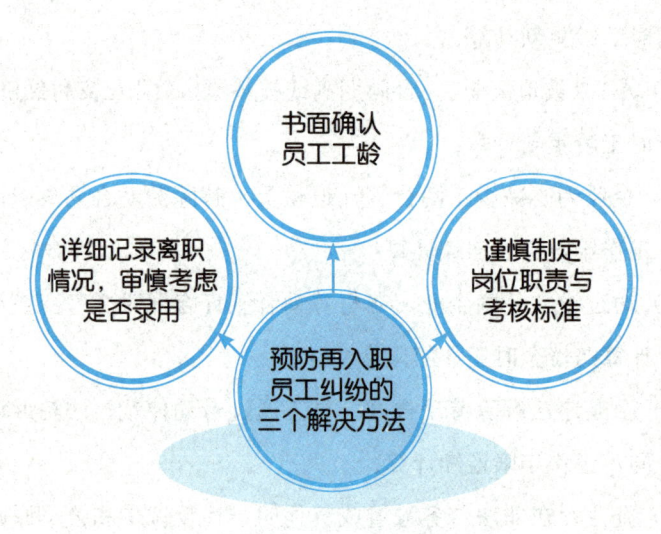

图9-7 预防再入职员工纠纷的三个解决方法

1. 详细记录离职情况，审慎考虑是否录用。企业在员工首次离职时，应详细记录离职时间、原因、去向，以及对公司现有管理制度的看法等信息。这些信息对于日后可能的再入职处理具有重要参考价值。例如，如果员工因个人发展或家庭原因离职，并表现出对公司的积极态度，那么其再入职时可能更容易被接受。同时，企业应根据离职原因和员工的整体表现，明确是否建议再次录用该员工，并在内部进行充分沟通，以避免潜在的劳动纠纷。

2. 书面确认员工工龄。对于回归员工，特别是回到原岗位的员工，企业不得再次约定试用期，以避免违反《中华人民共和国劳动合同法》的相关规定。同时，双方应在新入职表和劳动合同中书面确认工龄认定的具体情况，包括上次离职时间、本次入职时间以及工龄是否连续计算等。这样可以确保双方对工龄问题有明确的共识，减少后续的争议和纠纷。

3. 谨慎制定岗位职责与考核标准。在决定录用这类员工时，企业应在其工作岗位职责及考核方面做得更为谨慎和科学。通过制定明确的岗位职责和考核标准，企业可以确保员工能够胜任工作，并降低因工作能力不达标而引发的管理风险。同时，企业还应定期对员工进行绩效评估，及时发现问题并进行处理，以确保劳动关系的和谐稳定。

综上所述，企业在处理离职又入职员工的工龄问题时，应遵循相关法律、法规，结合员工离职原因和地区性规定进行具体分析。同时，企业可以通过完善内部管理制度和劳动合同条款，明确双方权益，减少劳动纠纷的发生。这样，企业不仅可以降低法律风险，还能维护良好的劳动关系，促进企业的长期发展。

相关法律链接

《中华人民共和国劳动合同法》

第十九条规定，同一用人单位与同一劳动者只能约定一次试用期。

第三十九条规定，劳动者有下列情形之一的，用人单位可以解除劳动合同：

（一）在试用期间被证明不符合录用条件的；

（二）严重违反用人单位的规章制度的；

（三）严重失职，营私舞弊，给用人单位造成重大损害的；

（四）劳动者同时与其他用人单位建立劳动关系，对完成本单位的工作任务造成严重影响，或者经用人单位提出，拒不改正的；

（五）因本法第二十六条第一款第一项规定的情形致使劳动合同无效的；

（六）被依法追究刑事责任的。

《中华人民共和国劳动合同法实施条例》

第十条规定，劳动者非因本人原因从原用人单位被安排到新用人单位工作的，劳动者在原用人单位的工作年限合并计算为新用人单位的工作年限。原用人单位已经向劳动者支付经济补偿的，新用人单位在依法解除、终止劳动合同计算支付经济补偿的工作年限时，不再计算劳动者在原用人单位的工作年限。

《最高人民法院关于审理劳动争议案件适用法律问题的解释（一）》

第四十六条规定，劳动者非因本人原因从原用人单位被安排到新用人单位工作，原用人单位未支付经济补偿，劳动者依据劳动合同法第三十八条规定与新用人单位解除劳动合同，或者新用人单位向劳动者提出解除、终止劳动合同，在计算支付经济补偿或赔偿金的工作年限时，劳动者请求把在原用人单位的工作年限合并计算为新用人单位工作年限的，人民法院应予支持。

用人单位符合下列情形之一的，应当认定属于"劳动者非因本人原因从原用人单位被安排到新用人单位工作"：

（一）劳动者仍在原工作场所、工作岗位工作，劳动合同主体由原用人单位变更为新用人单位；

（二）用人单位以组织委派或任命形式对劳动者进行工作调动；

（三）因用人单位合并、分立等原因导致劳动者工作调动；

（四）用人单位及其关联企业与劳动者轮流订立劳动合同；

（五）其他合理情形。

《深圳经济特区和谐劳动关系促进条例》

第二十四条规定，用人单位与劳动者解除或者终止劳动合同，在六个月内重新订立劳动合同的，除因劳动者违反《中华人民共和国劳动合同法》第三十九条规定被用人单位解除劳动合同外，劳动者在本单位的工作年限应当连续计算。

依据前款规定连续计算工作年限的，计算经济补偿年限时，应当扣除已支付经济补偿的年限。

第七讲　拒收文件：员工拒收公司处分、解雇文件，怎么办？

在劳动用工领域，劳动合同的解除与终止是常见的管理行为，但这一过程往往伴随着法律风险。尤其是当企业决定解雇员工并发出解雇通知书时，员工的反应往往成为影响后续法律纠纷的关键因素之一。

案例场景

2016年4月1日，小李入职某电器公司，担任销售员，双方签订了为期3年的劳动合同，劳动合同及规章制度均明确约定未经公司同意，员工不得在其他单位兼职。

2017年5月，小李因病请假4个月。期间，公司发现小李在老家另一家公司担任销售员。公司认为小李严重违反规章制度，遂决定解除与其的劳动合同，并通知了工会。然而，在向小李送达《解除劳动合同通知书》时，公司两次通过快递方式寄送均被拒收退件。

2017年9月1日，小李返回公司上班时被当面告知劳动关系已解除，随即申请劳动仲裁，要求公司支付违法解除劳动关系的经济赔偿金。

问题分析

上述案例中，公司解除与小李的劳动关系是否合法呢？分析如下：

1. 从合法性分析。首先，从合法性角度看，小李在病假期间到其他单位兼职，确实违反了劳动合同的明确约定及公司的规章制度，也违背了诚实信用原则。公司依据这些违规事实解除劳动合同，并履行了通知工会的程序，这一决定是合法的。

2. 从程序性分析。然而，在程序上，公司面临的主要挑战在于解雇通知书的送达问题。尽管公司两次尝试通过快递方式送达解雇通知书，但因无人签收或拒收而被退回，这在一定程度上影响了解雇程序的完整性。但考虑到小李的实际违规行为，以及公司已尽到通知工会的义务，程序上的瑕疵并不足以推翻解雇决定的合法性。

解决建议

针对员工拒收解雇通知书的情况，企业可采取哪些防范措施确保解雇程序的合法性和有效性呢？建议如下（如图9-8所示）：

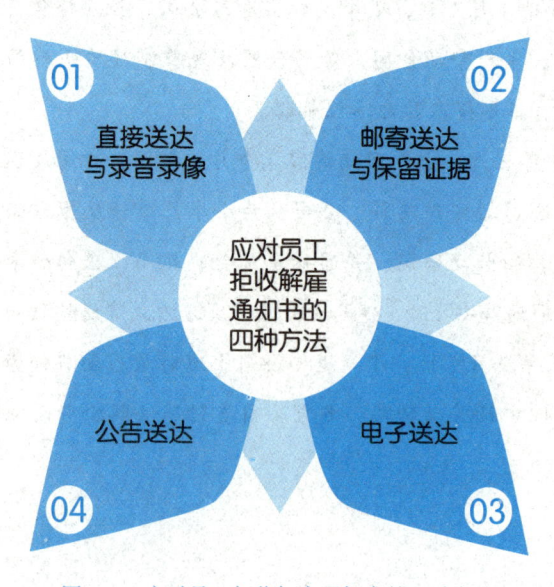

图9-8　应对员工拒收解雇通知书的四种方法

1. 直接送达与录音录像。在条件允许的情况下，首选直接送达方式，将解雇通知书当面交给员工。若员工拒签，可邀请第三方（如工会代表或同事）在场见证，并使用录音或录像设备记录送达过程，确保有充分的证据证明已尽到告知义务。

2. 邮寄送达与保留证据。通过 EMS 或挂号信等可追溯的邮寄方式送达解雇通知书，并在邮件封面明确标注文件内容。若邮件被退回，务必完整保存退回的信件及其相关记录，作为未成功送达的证据。

3. 电子送达。在员工同意的前提下，采用电子邮件、短信、微信、即时通信工具等电子方式送达解雇通知书。发送后，应保存发送成功的记录，并确保信息已实际到达员工。

4. 公告送达。作为最后手段，若其他方式均无法送达，可考虑通过公司公告栏、官方网站或地方报纸等渠道公告解雇决定。但需注意，公告送达需满足特定条件，如员工下落不明或前述方式均无法送达的情况。

总的来说，员工的送达地址非常关键，企业可以通过劳动合同和入职表来明确记录员工的有效地址以及有效的通信方式，包括但不限于电子邮件地址和微信等即时通信工具账号。

鉴于新修订的民事诉讼法律中已明确规定，通过电子邮件、电子通信等电子方式进行的送达视为有效送达，因此，在劳动合同及相关规章制度中，可以明确约定采用电子邮件、微信等电子通信方式作为通知和送达文件的合法途径。一旦微信账号等相关信息得到员工确认，通过微信传达的信息也将被视为有效传达。

总结提示

企业在解雇员工时，应严格遵守相关法律、法规，确保解雇决定的合法性和程序的完整性。对于解雇通知书的送达，企业应根据实际情况灵活选择送达方式，并保留充分的证据以证明已尽到告知义务。同时，企业应加强内部管理，完善规章制度，明确员工行为规范，以减少类似纠纷的发生。

相关法律链接

《中华人民共和国劳动合同法》

第三十九条规定，劳动者严重违反用人单位的规章制度的，用人单位可以解除劳动合同。

《中华人民共和国民事诉讼法》

第九十条规定，经受送达人同意，人民法院可以采用能够确认其收悉的电子方式送达诉讼文书。通过电子方式送达的判决书、裁定书、调解书，受送达人提出需要纸质文书的，人民法院应当提供。

采用前款方式送达的，以送达信息到达受送达人特定系统的日期为送达日期。

《最高人民法院关于适用〈中华人民共和国民事诉讼法〉的解释》

第一百三十五条规定，电子送达可以采用传真、电子邮件、移动通信等即时收悉的特定系统作为送达媒介。

第十章　解聘与裁员操作

第一讲　解聘操作：超过退休年龄员工，能否解聘？

对于超过法定退休年龄的员工，公司能否解聘以及是否需要给予补偿，这一直是企业和员工都非常关注的问题。许多企业在裁员时常常会忽视法律的相关规定，导致产生不必要的劳动争议。

案例场景

老吴在一家塑料公司工作了40年，从一线生产员工逐渐升任为技术主管。公司为了节省成本、提高效率，在一次人员裁减会议上决定裁减部分老员工，老吴也在名单之中。

听到消息后，老吴非常气愤，他冲到老板办公室质问："我在这儿拼死拼活了一辈子，现在就因为我年纪大了点，就要被踢出门？我为公司做了那么多，难道连点补偿都不给？"

老板无奈地解释道："老吴，这事儿公司也是反复掂量过的。按法律，你已经超过了退休年龄，我们没有义务给你补偿。"

老吴不同意："我年纪是不小了，但我这些年攒下的手艺和经验，对公司来说还是有用的。再说，公司从来没给我交过社保，我退休了怎么过？"

双方僵持不下，老吴决定向劳动仲裁委员会申请仲裁，要求公司支付违法解除劳动关系的经济赔偿金。

仲裁委员会开庭审理后发现，虽然老吴确实超过了退休年龄，但公司未给他缴纳社保，导致他无法领取退休金。最终，仲裁委员会裁定公司支付老吴经济赔偿金40万元。

问题分析

在劳动法规领域，关于达到法定退休年龄的员工，在被解聘时是否应获得补偿？具体分析如下：

1. 劳动合同终止与补偿规则。

根据《中华人民共和国劳动合同法》第四十四条，劳动者开始依法享受基本养老保险待遇时，劳动合同终止。根据《中华人民共和国劳动合同法实施条例》第二十一条，劳动者达到法定退休年龄的，劳动合同终止。此时根据《中华人民共和国劳动合同法》第四十六条之规定，企业原则上无需支付经济补偿，但存在以下例外情形：

（1）超龄用工期间未终止合同继续履行的；

（2）企业与员工另有书面补偿约定的；

（3）因企业原因导致员工无法享受养老保险待遇的。

2. 特殊情形处理规范。

（1）社保缺位情形。若员工因企业未缴纳社保导致无法享受养老保险待遇，虽达到退休年龄，有些地区仍按劳动关系处理，此时解聘应适用《中华人民共和国劳动合同法》第四十六条的补偿规定；但有些地区按照劳务关系处理，因此，遇到此种情形时，一定要因地制宜进行处理。

（2）员工拒缴情形。根据《中华人民共和国社会保险法》第六十条，即使劳动者书面声明放弃社保，企业仍负法定缴费义务。司法实践中，员工自愿放弃社保不得免除企业责任，员工因此导致无法退休的，企业仍可能需承担补偿责任。

解决建议

如何减少因退休员工处理不当产生的劳动纠纷？可参考以下处理建议（如图10-1所示）：

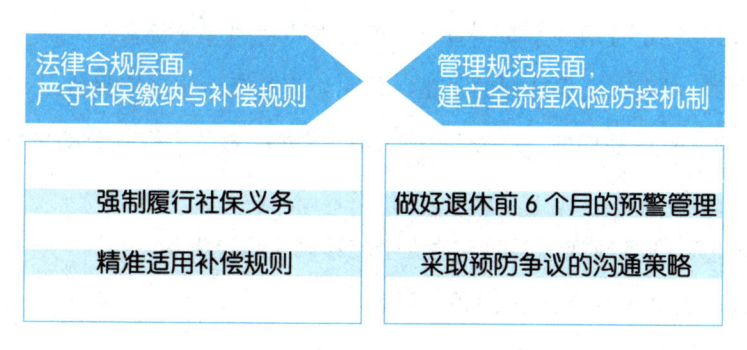

图10-1 减少退休员工劳动纠纷的四项措施

第一，在法律合规层面，严守社保缴纳与补偿规则。

1. 强制履行社保义务。

根据《中华人民共和国社会保险法》第五十八条、第六十条，企业必须自用工之日起30日内为所有员工办理社保登记并足额缴费，不得接受员工任何形式的社保放弃声明。

具体操作步骤如下：

（1）每月核查员工社保缴纳状态，对临近退休员工重点检查养老保险累计缴费年限；

（2）发现未足额缴纳的，立即启动补缴程序并向社保部门申报；

（3）留存书面缴费凭证，保存期限不得少于劳动关系终止后2年（根据《中华人民共和国劳动合同法》第五十条）。

2. 精准适用补偿规则。

法定情形：员工达到退休年龄且已享受养老保险待遇的，企业终止劳动关系无需补偿；

例外情形：若因企业未缴社保导致员工无法退休的，解聘时需支付经济补偿（N倍月工资）。

具体操作步骤如下：

（1）终止劳动关系前核查员工养老保险待遇享受状态；

（2）对存在社保缺漏的员工，优先协商补缴而非直接解聘；

（3）支付补偿的，必须签订书面协议并载明"不构成劳动关系项下义务"。

第二，在管理规范层面，建立全流程风险防控机制。

1. 做好退休前6个月的预警管理。

具体操作步骤：

（1）建立员工年龄台账，提前发送《退休流程告知书》；

（2）安排HR专员协助办理退休手续，提供社保查询、待遇申领指导；

（3）对选择继续留用的超龄员工，必须签订劳务协议并购买意外险。

2. 采取预防争议的沟通策略。

（1）离职面谈时出具《社保缴费清单》《退休待遇测算表》，消除信息差；

（2）对工龄10年以上员工，可发放纪念品（需注明"福利性质"）；

（3）建立退休员工联络档案，定期回访降低投诉冲动。

总结提示

企业要依法履行社保义务，尊重与关怀老员工，灵活处理退休员工的劳动关系，维护和谐劳动关系。

相关法律链接

《中华人民共和国劳动法》

第七十二条规定，用人单位和劳动者必须依法参加社会保险，缴纳社会保险费。

第一百条规定，用人单位无故不缴纳社会保险费的，由劳动行政部门责令其限期缴纳；逾期不缴的，可以加收滞纳金。

《中华人民共和国劳动合同法》

第四十四条规定，有下列情形之一的，劳动合同终止：

（一）劳动合同期满的；

（二）劳动者开始依法享受基本养老保险待遇的。

第四十七条规定，经济补偿按劳动者在本单位工作的年限，每满一年支付一个月工资的标准向劳动者支付。六个月以上不满一年的，按一年计算；不满六个月的，向劳动者支付半个月工资的经济补偿。

第四十八条规定，用人单位违反本法规定解除或者终止劳动合同的，劳动者要求继续履行劳动合同的，用人单位应当继续履行；劳动者不要求继续履行劳动合同或者劳动合同已经不能继续履行的，应当依照本法第八十七条的规定支付赔偿金。

第八十七条规定，用人单位违反本法规定解除或者终止劳动合同的，应当依照本法第四十七条规定的经济补偿标准的二倍向劳动者支付赔偿金。

《中华人民共和国社会保险法》

第五十八条规定，用人单位应当自用工之日起三十日内为其职工向社会保险经办机构申请办理社会保险登记。

第六十三条规定，用人单位未按时足额缴纳社会保险费的，由社会保险费征收机构责令其限期缴纳或者补足。

《中华人民共和国劳动争议调解仲裁法》

第二十七条规定，劳动争议申请仲裁的时效期间为一年。仲裁时效期间从当事人知道或者应当知道其权利被侵害之日起计算。

第二十九条规定，劳动争议仲裁委员会收到仲裁申请之日起五日内，认为符合受理条件的，应当受理，并通知申请人；认为不符合受理条件的，应当书面通知申请人不予受理，并说明理由。

第二讲　不当行为：员工群内骂老板，能否解雇？

在职场上，员工与企业主管领导之间的矛盾时有发生。当员工通过微信等社交平台发表对主管领导的不满言论时，公司能否据此解除劳动合同呢？很多主管领导在被员工辱骂后，第一反应是立即解雇员工，但处理不当，可能会导致企业需要支付赔偿金。

案例场景

案例1：张某与某建筑公司的劳动合同纠纷

张某于2018年8月入职某建筑公司，负责某项目的筹备及运营工作。劳动合同中明确了张某应遵守的考勤与规章制度。

一次，张某在员工微信群内发送了数条与建筑工人相关的信息，包括"一大批boss即将到达战场"等内容，公司认为这些言论有损公司形象和信誉，要求张某主动辞职，否则会将他开除。张某拒绝辞职后，公司以违反《中华人民共和国劳动合同法》第三十九条为由将其开除。

张某向劳动仲裁委申请仲裁，要求支付违法解除劳动合同的赔偿金。劳动仲裁委支持了张某的请求。公司不服裁决，提起诉讼。

法院审理认为，张某的行为不构成严重违反公司规章制度，其微信群内发言未对外公开，影响有限，且公司规章制度缺乏具体的行为规范性指引和处罚措施规定。因此，公司解除劳动合同的决定缺乏合法性，判决公司支付张某违法解除劳动合同的赔偿金。

在该案例中，公司解除劳动关系的行为被认定为违法。

案例2：何某与某红木茶台公司的劳动合同纠纷

何某是某红木茶台公司的生产主管。2018年5月13日，何某酒后在公司微信群内发表不当言论，辱骂和恶意中伤公司领导。

何某的言论严重破坏了公司管理秩序和领导形象。公司于2018年5月24日向何某发送《解除劳动合同通知书》，认为其违反了《员工手册》中的规章制度。

何某不满公司的决定，认为属于违法解除劳动关系，遂申请劳动仲裁并提起民事诉讼。

法院认为，何某在微信群内发表不当言论，辱骂和恶意中伤公司领导的行为符合《员工手册》规定的解除劳动关系条件。《员工手册》已经过议定程序，且作为劳动合同附件告知何某。解除通知已送达何某，因此，认定公司解除劳动关系合法。

在这个案例中，因员工辱骂领导而公司解除其劳动关系的行为，是合法的。

问题分析

同样是员工辱骂领导，为什么两个案例有不同的结果呢？

主要原因在于公司规章制度的完善程度和处理程序的合法性。员工与公司之间的冲突，往往源于对规章制度的理解和执行上的分歧。

员工可能因为感到受到不公正待遇，而产生对领导的不满情绪，通过言语辱骂或威胁等方式表达出来。公司在处理这类问题时，若规章制度不明确或执行不严格，可能会导致违法解除劳动合同，从而面临赔偿金的风险。

解决建议

为了应对因员工辱骂领导，企业处理不当而引发的法律风险，企业应采取以下措施（如图 10-2 所示）：

- 制定合法的规章制度
- 证据留存，合法解除劳动关系
- 沟通与调解，解决实际问题

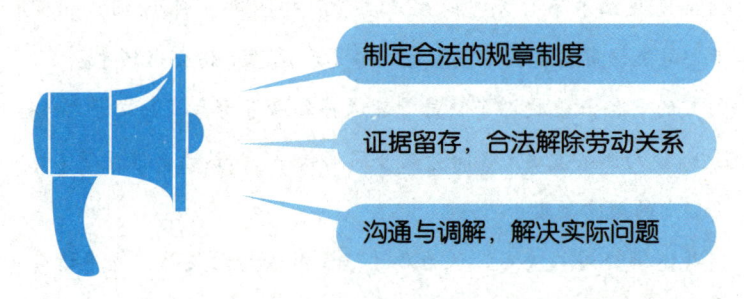

图 10-2　应对员工辱骂领导的三项措施

1. 制定合法的规章制度。制定合法、合理且明确的规章制度，明确规定员工行为的种类、程度和处理方式。规章制度应符合国家法律法规，避免出现违法内容。

制定规章制度应经过全体职工的讨论，与工会或职工代表平等协商，并进行公示和员工学习确认，确保规章制度的制定过程公开透明，员工有机会参与并了解制度内容。

2. 证据留存，合法解除劳动关系。在处理员工违规问题时，需要提供完整的证据链，包括员工违规的实质证据和合法合理的企业规章制度。确保有员工学习规章制度的记录和员工签字确认的证据，以及违规行为的事实依据，有必要时提前做公证，进行证据保全。

根据《中华人民共和国劳动合同法》，只有在员工严重违反用人单位规章制度的情况下，公司才可以解除劳动合同且无需支付经济补偿。

因此，公司需要明确何为"严重违规"的具体情形，并据此进行处理。

3. 沟通与调解，解决实际问题。注重企业文化的建设，通过正面引导和教育，减少员工的不满情绪，提高员工对公司的认同感和归属感。

在员工出现不满情绪时，通过沟通和调解的方式，了解员工的真实想法和需求，寻求解决问题的方法，而不是直接采取解除劳动合同的措施。

通过上述措施，公司可以在确保自身权益的同时，合理、合法地处理员工违规问题，减少劳动争议的发生，构建和谐的劳动关系。

总结提示

在处理员工辱骂领导的问题时，公司应注重规章制度的制定和执行，确保程序的合法性。同时，注重证据的收集和留存，依法依规进行处理，避免因程序不当而导致的法律风险。通过合理、合法的手段处理员工问题，可以有效减少劳动争议的发生，维护企业的正常管理秩序。

相关法律链接

《中华人民共和国劳动合同法》

第四条规定，用人单位在制定、修改或者决定有关劳动报酬、工作时间、休息休假、劳动安全卫生、保险福利、职工培训、劳动纪律以及劳动定额管理等直接涉及劳动者切身利益的规章制度或者重大事项时，应当经职工代表大会或者全体职工讨论，提出方案和意见，与工会或者职工代表平等协商确定。

用人单位应当将直接涉及劳动者切身利益的规章制度和重大事项决定公示，或者告知劳动者。

第三十九条规定，劳动者有下列情形之一的，用人单位可以解除劳动合同：

（一）在试用期间被证明不符合录用条件的；

（二）严重违反用人单位的规章制度的；

（三）严重失职，营私舞弊，给用人单位造成重大损害的；

（四）劳动者同时与其他用人单位建立劳动关系，对完成本单位的工作任务造成严重影响，或者经用人单位提出，拒不改正的；

（五）因本法第二十六条第一款第一项规定的情形致使劳动合同无效的；

（六）被依法追究刑事责任的。

《最高人民法院关于审理劳动争议案件适用法律问题的解释（一）》（法释〔2020〕26号）

第五十条规定，用人单位根据劳动合同法第四条规定，通过民主程序制定的规章制度，不违反国家法律、行政法规及政策规定，并已向劳动者公示的，可以作为确定双方权利义务的依据。

第三讲 裁员操作：合法解雇与违法解除的界定

当面对经济下行压力和市场环境恶化的情况时，企业经营困难、亏损裁员会成为一个普遍现象。然而，裁员不仅仅是企业内部的管理行为，还涉及法律法规的合规性问题。如果企业在裁员过程中不遵循法律规定，可能面临员工的劳动仲裁和诉讼风险。

案例场景

2011年11月30日，张先生入职一家网络公司，担任高级工程师。2017年10月10日，张先生与公司签订了无固定期限的劳动合同。自2019年起，公司连续3年亏损，尤其在2020年和2021年，亏损较为严重。公司决定裁撤张先生所在部门。

2021年11月30日，公司的人事经理与张先生谈话，提出将其月工资从 3.2 万元降至税前 1 万元，并让其调岗至其他部门。如果张先生不同意，公司将解除劳动合同，并给予 N+1 的补偿。几天后，人事经理通过微信再次询问张先生的意见，但张先生拒绝，并坚持要求 2N 的赔偿金。

2021 年 12 月 30 日，公司因经营状况发生重大变化，决定裁撤张先生所在的部门，并发出解除劳动合同通知，给予 N+1 的补偿。张先生对此不服，向劳动部门申请要求公司支付 2N 的违法解除劳动合同赔偿金。

仲裁委员会判决公司须补足赔偿金差额 29 万元。公司不服，向法院提起诉讼，认为公司裁员合法合理。但法院最终认定公司违法解除劳动合同，判决公司补足赔偿金差额 29 万元。

问题分析

当面对经济环境变差的情况时，许多企业因亏损严重而面临裁员的困境。这种情况下，企业如何合法地保障自己的用工权利呢？我们需要从以下几个方面来分析：

1. 经济环境对企业的影响。经济环境的恶化，是否会普遍导致企业裁员？这种现象是否构成法律所说的"重大变化"？在面对市场环境剧烈变动的情况时，企业如何证明其裁员是因不可抗力或市场变化而非经营不善？

2. 仲裁或法院对"重大变化"的认定。劳动仲裁委或法院是如何界定"重大变化"的？在什么情况下，劳动仲裁委或法院会认为企业裁员是由于不可抗力或市场环境剧烈变动，而非企业经营不善？企业应如何提供证据证明其裁员的合理性？

3. 企业应对策略。企业应如何制订裁员计划，以确保裁员过程符合法律规定，避免违法解除劳动合同的风险？在进行岗位调整和降薪时，企业应注意哪些法律规定和程序要求？

解决建议

如何解决企业亏损裁员的合法性问题？法院主要从企业亏损是否构成"客观情况发生重大变化"进行考量。主要考量要点如下（如图10-3所示）：

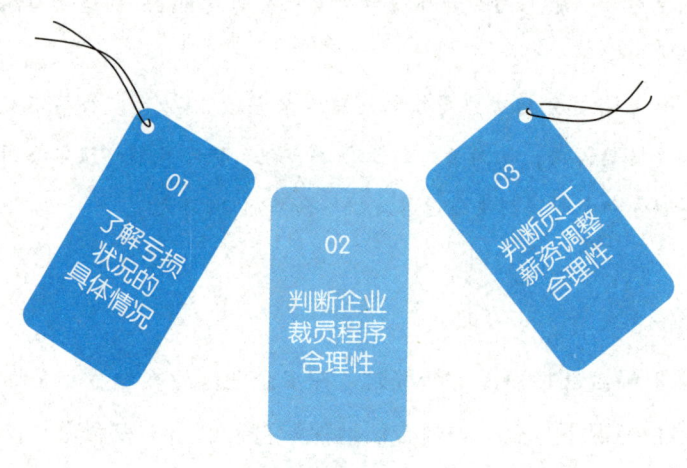

图 10-3　企业亏损裁员的三个考量要点

1. 了解亏损状况的具体情况。首先，企业应从多个角度具体分析当前的亏损状况，包括企业经营特性、所在行业情况、劳动者岗位特点等。评估亏损是否已严重影响到特定岗位的存在必要性，并探讨企业克服困难的能力。

2. 判断企业裁员程序合理性。企业在裁员前需通过工会或职工代表会议讨论岗位的合理性，并征求工会或职工代表的意见，以实现企业与员工间的平衡。未履行这些程序，企业可能面临法律风险和处罚。

3. 判断员工薪资调整合理性。在岗位调整中，如涉及薪资调整的，则薪资降幅应合理，调整后的薪资应符合法律规定的合理范围。企业不能仅从降低成本角度出发，随意削减员工工资，否则可能面临司法部门的不认可和巨额赔偿。

总结提示

企业在进行亏损裁员时，应充分考虑经济环境的影响，并确保裁员过程符合法律规定。通过合理的程序和适度的薪资调整，企业可以在保护自身权益的同时，避免违法解除劳动合同的风险。

相关法律链接

《中华人民共和国劳动合同法》

第三十五条规定，用人单位与劳动者协商一致，可以变更劳动合同约定的内容。变更劳动合同，应当采用书面形式。

变更后的劳动合同文本由用人单位和劳动者各执一份。

第四十条规定，有下列情形之一的，用人单位提前三十日以书面形式通知劳动者本人或者额外支付劳动者一个月工资后，可以解除劳动合同：

（一）劳动者患病或者非因工负伤，在规定的医疗期满后不能从事原工作，也不能从事由用人单位另行安排的工作的；

（二）劳动者不能胜任工作，经过培训或者调整工作岗位，仍不能胜任工作的；

（三）劳动合同订立时所依据的客观情况发生重大变化，致使劳动合同无法履行，经用人单位与劳动者协商，未能就变更劳动合同内容达成协议的。

第四十一条规定，有下列情形之一，需要裁减人员二十人以上或者裁减不足二十人但占企业职工总数百分之十以上的，用人单位提前三十日向工会或者全体职工说明情况，听取工会或者职工的意见后，裁减人员方案经向劳动行政部门报告，可以裁减人员：

（一）依照企业破产法规定进行重整的；

（二）生产经营发生严重困难的；

（三）企业转产、重大技术革新或者经营方式调整，经变更劳动合同后，仍需裁减人员的；

（四）其他因劳动合同订立时所依据的客观经济情况发生重大变化，致使劳动合同无法履行的。

《中华人民共和国劳动争议调解仲裁法》

第二十七条规定，劳动争议申请仲裁时效期间为一年。仲裁时效期间从当事人知道或者应当知道其权利被侵害之日起计算。

《企业经济性裁减人员规定》

第四条规定，用人单位确需裁减人员，应按程序提出裁减人员方案，内容包括：被裁减人员名单，裁减时间及实施步骤，符合法律、法规规定和集体合同约定的被裁减人员经济补偿办法。

第四讲　解雇禁区：哪些员工，企业不能轻易解雇？

在劳动用工领域，解聘员工是一项需要谨慎处理的事务。许多企业主可能认为，只要支付一些赔偿金，便可随意解除员工的劳动合同。然而，这种认识忽略了劳动法规对特定员工群体的特别保护。

案例场景

2019年1月1日，邱某在工作时不幸从二楼跌落，导致三级伤残。2021年4月，邱某返回工作岗位，但因身体状况无法适应新的工作要求，经常出现工作失误。公司因此决定解除与邱某的劳动关系。邱某随即向劳动仲裁委员会提起仲裁，要求公司支付赔偿金8万元。

问题分析

解聘员工并非企业单方面就能决定的,必须遵循劳动相关法规。根据《中华人民共和国劳动法》和《中华人民共和国劳动合同法》,以下六类员工是禁止随意解聘的(如图10-4所示):

图10-4 禁止随意解聘的六类员工

1. 孕期、产期、哺乳期(即"三期")的员工。她们受到法律的特别保护。企业不能因为产假时间过长或工作效率降低而解聘这些员工。即使在这些时期,员工的工作效率可能会降低,也不能以工作不能胜任为由进行解聘,除非员工严重违反了相关规定。如果企业解聘这类员工,可能需要支付高额赔偿,包括"三期"期间的工资。由于"三期"的时间周期较长,因此,赔偿金额可能相当大。

2. 工伤致残员工。根据《工伤保险条例》第三十五、第三十六、第三十七条的规定,不同伤残等级的工伤员工享有不同的保护措施。对于一到四级伤残的工伤员工,企业需要保留劳动关系,退出工作岗位,并享受相应的工作待遇;对于五到六级伤残的工伤员工,企业应保留劳动关系,并安排适当的工作,同时享受工伤待遇;对于七到十级伤残的工伤员工，用人单位不能提出解除劳动关系，除非员工自愿提出解除或严重违反规定。

3. 医疗期内的员工。根据相关规定，医疗期内的员工不能解除劳动合同。企业应给予病假员工必要的关怀和支持。

4. 临近退休的员工。对于工龄满15年且距离退休不足5年的员工，根据《中华人民共和国劳动合同法》第四十二条的规定，企业不得解聘。尽管一些企业可能认为这些员工的工作效率较低，但随意解聘这些员工可能会涉及违法解聘问题。

5. 疑似职业病患者。根据《中华人民共和国职业病防治法》第三十五条和第三十六条的规定，从事可能危害健康的工作的劳动者，在岗期间和离岗期间的职业健康应得到保障，并应提前告知劳动者有关职业健康的情况。相关职业健康费用应由用人单位承担。对于未进行离岗前职业健康检查的劳动者，用人单位不得解除、终止或订立劳动合同。

6. 基层工会任职的员工。根据《中华人民共和国工会法》第十九条的规定，如果这些员工没有犯下严重过错，在其任职期间，用人单位不得解除他们的劳动关系。这是一个特别需要注意的事项，因为许多企业可能没有意识到这一点。基层工会的相关职位人员在任职期间应受到相应的保护。

总的来说，以上六类员工群体由于法律的特别保护，即使存在一定的过错，也不能随意解除劳动合同。企业在处理这些员工时需要格外小心，避免因违法解聘而产生巨大的赔偿额和法律风险。

解决建议

企业在处理上述六类员工的解聘问题时，需要注意以下几类员工的处理方法：

第一类，孕期、产期、哺乳期员工处理。

根据中国劳动相关法律法规，孕期、产期、哺乳期的女职工享有特殊保护，用人单位在一般情况下不得解除与她们的劳动合同。然而，在特定情况下，用人单位仍然可以依法合规地进行解聘。以下是一些可能的情形（如图 10-5 所示）：

合规解聘"三期"女员工的八种情形：
01 严重违反用人单位规章制度
02 严重失职、营私舞弊
03 同时与其他用人单位建立劳动关系
04 被依法追究刑事责任
05 试用期内不符合录用条件
06 劳动合同无效
07 用人单位经营严重困难
08 劳动合同期满

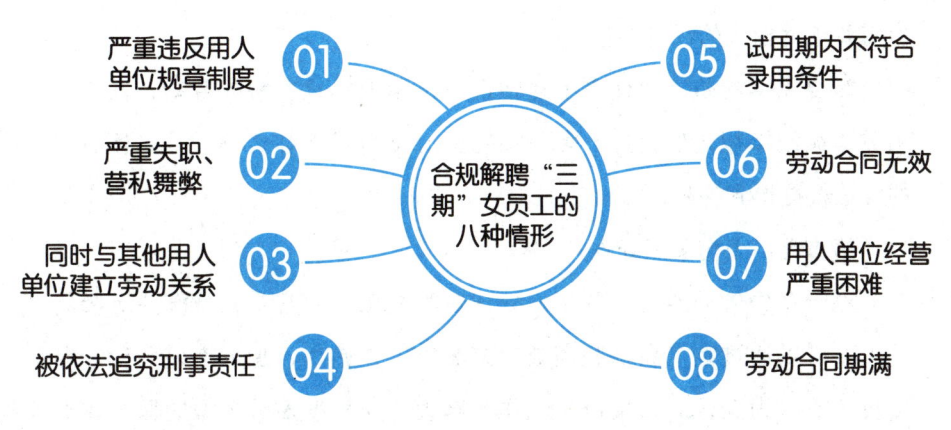

图 10-5　合规解聘"三期"女员工的八种情形

1. 严重违反用人单位规章制度。如果孕期、产期、哺乳期的员工严重违反了用人单位的规章制度，用人单位可以依法解除劳动合同。

2. 严重失职、营私舞弊。如果员工因严重失职、营私舞弊，给用人单位造成重大损害，用人单位有权解除劳动合同。

3. 同时与其他用人单位建立劳动关系。如果员工同时与其他用人单位建立劳动关系，严重影响本单位工作任务的完成，用人单位可以解除劳动合同。

4. 被依法追究刑事责任。如果员工因犯罪被依法追究刑事责任，用人单位可以解除劳动合同。

5. 试用期内不符合录用条件。如果员工在试用期内被证明不符合录用条件，用人单位可以解除劳动合同。

6. 劳动合同无效。如果劳动合同被认定为无效，用人单位可以解除劳动合同。

7. 用人单位经营严重困难。在用人单位经营严重困难，需要裁员的情况下，可以依法进行经济性裁员，但需要遵循法定程序。

8. 劳动合同期满。如果劳动合同期满，用人单位可以不续签劳动合同，但需要支付相应的经济补偿。

需要注意的是，即使在上述情况下，用人单位在解除劳动合同前，仍需遵循法律规定的程序，如提前通知、支付经济补偿等，并确保员工的合法权益得到保障。

第二类，工伤员工处理。

对于丧失劳动能力的员工，处理较为复杂，尤其是轻微伤残等级的员工。可以通过政策激励和绩效考核激发工作热情，加大考核力度，促使员工更努力工作。如果员工工作不努力，应根据多劳多得的原则体现其工作价值。

第三类，医疗期内的员工处理。

公司不能因员工暂时失去工作能力而解除劳动合同。医疗期的确定应依据法律规定和员工具体情况，公司需学习相关法律，合理确定医疗期时长。医疗期满后，如果员工仍不能胜任工作，应依法解除劳动合同，并给予经济补偿。

第四类，临近退休的员工处理。

对于工龄满15年且距离退休不到5年的员工，应避免轻易解除劳动关系。可以通过正激励措施和绩效管理提高工作积极性，如表彰、奖励，以及将工资与绩效挂钩。确保这类员工的工资与员工的工作能力和表现成正比，体现公平原则。即使在不能解除劳动合同的情况下，也应根据员工的实际贡献调整其收入。

第五类，疑似职业病患者处理。

首先进行职业健康体检，以确定职工是否患有职业病。如果体检结果显示职工未患职业病，并且无法满足法律规定的要求，在完成职业病鉴定后，公司有权进行解聘。

第六类，基层工会任职的员工处理。

针对基层工会职工，如果他们表现出对公司的不满或消极态度，建议首先解除其工会成员身份，使其恢复为普通员工状态。然后，按照普通员工的管理办法进行处理，简化处理流程。

总结提示

在处理上述各类员工问题时，公司应始终遵循法律规定，同时兼顾员工权益和公司利益，采取合理、公正的管理措施。

相关法律链接

《中华人民共和国劳动合同法》

第四十二条规定，劳动者有下列情形之一的，用人单位不得依照本法第四十条、第四十一条的规定解除劳动合同：

（一）从事接触职业病危害作业的劳动者未进行离岗前职业健康检查，或者疑似职业病病人在诊断或者医学观察期间的；

（二）在本单位患职业病或者因工负伤并被确认丧失或者部分丧失劳动能力的；

（三）患病或者非因工负伤，在规定的医疗期内的；

（四）女职工在孕期、产期、哺乳期的；

（五）在本单位连续工作满十五年，且距法定退休年龄不足五年的；

（六）法律、行政法规规定的其他情形。

《工伤保险条例》

第三十五条规定，职工因工致残被鉴定为一级至四级伤残的，保留劳动关系，退出工作岗位，享受以下待遇：

（一）从工伤保险基金按伤残等级支付一次性伤残补助金，标准为：一级伤残为27个月的本人工资，二级伤残为25个月的本人工资，三级伤残为23个月的本人工资，四级伤残为21个月的本人工资；

（二）从工伤保险基金按月支付伤残津贴，标准为：一级伤残为本人工资的90%，二级伤残为本人工资的85%，三级伤残为本人工资的80%，四级伤残为本人工资的75%。伤残津贴实际金额低于当地最低工资标准的，由工伤保险基金补足差额；

（三）工伤职工达到退休年龄并办理退休手续后，停发伤残津贴，按照国家有关规定享受基本养老保险待遇。基本养老保险待遇低于伤残津贴的，由工伤保险基金补足差额。

职工因工致残被鉴定为一级至四级伤残的，由用人单位和职工个人以伤残津贴为基数，缴纳基本医疗保险费。

第三十六条规定，职工因工致残被鉴定为五级、六级伤残的，享受以下待遇：

（一）从工伤保险基金按伤残等级支付一次性伤残补助金，标准为：五级伤残为18个月的本人工资，六级伤残为16个月的本人工资；

（二）保留与用人单位的劳动关系，由用人单位安排适当工作。难以安排工作的，由用人单位按月发给伤残津贴，标准为：五级伤残为本人工资的70%，六级伤残为本人工资的60%，并由用人单位按照规定为其缴纳应缴纳的各项社会保险费。伤残津贴实际金额低于当地最低工资标准的，由用人单位补足差额。

经工伤职工本人提出，该职工可以与用人单位解除或者终止劳动关系，由工伤保险基金支付一次性工伤医疗补助金，由用人单位支付一次性伤残就业补助金。一次性工伤医疗补助金和一次性伤残就业补助金的具体标准由省、自治区、直辖市人民政府规定。

第三十七条规定，职工因工致残被鉴定为七级至十级伤残的，享受以下待遇：

（一）从工伤保险基金按伤残等级支付一次性伤残补助金，标准为：七级伤残为13个月的本人工资，八级伤残为11个月的本人工资，九级伤残为9个月的本人工资，十级伤残为7个月的本人工资；

（二）劳动、聘用合同期满终止，或者职工本人提出解除劳动、聘用合同的，由工伤保险基金支付一次性工伤医疗补助金，由用人单位支付一次性伤残就业补助金。一次性工伤医疗补助金和一次性伤残就业补助金的具体标准由省、自治区、直辖市人民政府规定。

《中华人民共和国职业病防治法》

第三十五条规定，对从事接触职业病危害的作业的劳动者，用人单位应当按照国务院卫生行政部门的规定组织上岗前、在岗期间和离岗时的职业健康检查，并将检查结果书面告知劳动者。职业健康检查费用由用人单位承担。

用人单位不得安排未经上岗前职业健康检查的劳动者从事接触职业病危害的作业；不得安排有职业禁忌的劳动者从事其所禁忌的作业；对在职业健康检查中发现有与所从事的职业相关的健康损害的劳动者，应当调离原工作岗位，并妥善安置；对未进行离岗前职业健康检查的劳动者不得解除或者终止与其订立的劳动合同。

职业健康检查应当由取得《医疗机构执业许可证》的医疗卫生机构承担。卫生行政部门应当加强对职业健康检查工作的规范管理，具体管理办法由国务院卫生行政部门制定。

《中华人民共和国工会法》

第十九条规定，基层工会专职主席、副主席或者委员自任职之日起，其劳动合同期限自动延长，延长期限相当于其任职期间；非专职主席、副主席或者委员自任职之日起，其尚未履行的劳动合同期限短于任期的，劳动合同期限自动延长至任期期满。但是，任职期间个人严重过失或者达到法定退休年龄的除外。

第五讲　工会作用：有工会的企业，解雇员工前，问过工会吗？

在企业用工管理中，解雇员工是一项严肃且敏感的操作。当员工出现严重违纪行为时，企业往往倾向于直接根据规章制度解除劳动关系，然而，在这一过程中，工会的作用不容忽视。

案例场景

杨某 1997 年进入一家塑料用品公司工作，但在 2018 年至 2019 年间，他多次辱骂公司高管，并多次与公司财务人员发生肢体冲突，严重干扰了公司的正常运营。鉴于杨某的恶劣行为，公司在 2019 年 9 月以严重违反公司规章制度为由，决定解除与杨某的劳动关系，并通过电子邮件正式通知杨某。

然而，杨某在 2019 年 12 月对解除劳动关系的通知表示不服，向劳动仲裁委申请仲裁，认为公司的解除行为违法，并基于自己的工作年限，要求公司支付 48 万元的赔偿金。劳动仲裁委未支持杨某的请求，他随后便向法院提起诉讼。在一审阶段，他主张公司在解除劳动关系时未经过工会同意，认为这一程序违法。一审法院并未支持杨某的主张，驳回了他的请求。但杨某不服，上诉至二审法院。

在二审期间，公司意识到了程序上的不足，迅速召开了工会会议，补充完成了解除劳动合同的法定程序，并将会议结果提交给了二审法院。然而，二审法院并未接受公司后来补充的工会程序，认为公司在解除劳动合同时未遵循法律规定的工会程序，判定解除行为违法，并判决公司需支付杨某 48 万元的赔偿金。

问题分析

在上述案例中，企业因未遵循工会程序而支付了高昂的赔偿金。这种现象在实践中并不罕见，许多企业在解除员工劳动关系时忽略了工会的参与，从而导致解除行为违法并败诉。

第一，许多企业并不重视工会的作用，认为工会仅仅是组织活动，而没有意识到工会在维护员工权益和参与企业决策中的重要性。这种观念导致了企业在实际操作中忽略了工会的参与。

第二，工会组织本身在企业中也没有充分发挥其集体作用。工会成员往往未能意识到自己在规章制度审定和劳动关系解除中的关键角色，直到诉讼过程中劳动者聘请专业人士后才指出企业的这一漏洞。

根据《中华人民共和国劳动合同法》第四十三条的规定，用人单位在单方面解除劳动关系时，应当事先将理由通知工会。如果用人单位违反了法律、行政法规或与劳动者的约定，工会有权要求用人单位纠正。这表明工会的参与是一个必要的程序，但在实际操作中，这一规定并未得到充分执行。

因此，上述案例的二审判决不仅符合法律规定，也反映了法院在类似情况下的判决趋势。这强调了用人单位在处理劳动关系时必须严格遵守法律规定，确保工会的参与，以避免不必要的法律风险和经济损失。同时，工会也应积极发挥其作用，维护员工的合法权益。

解决建议

如何解决企业在解除劳动关系时忽视工会参与的问题？可以从以下

三点着手（如图10-6所示）。

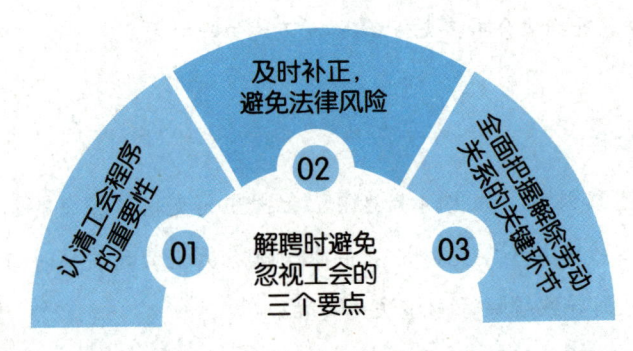

图10-6 解聘时避免忽视工会的三个要点

第一，认清工会程序的重要性。

有工会的企业在进行解聘员工操作时，必须确保所有程序都经过工会的讨论和批准。如果企业主在操作过程中忘记与工会沟通，直接进行解聘，可能会面临法律风险。

根据最高人民法院的司法解释，如果用人单位在起诉前能够补正证明其解聘行为符合《中华人民共和国劳动合同法》的规定，并且已经按照第四十三条的规定通知了工会，那么人民法院将支持用人单位不支付赔偿金。这为企业提供了一个补救的机会，但关键是要及时补正。

第二，及时补正，避免法律风险。

企业在解聘过程中如果未能及时与工会沟通，应在发现问题后立即采取行动进行补正。如果劳动者在劳动仲裁阶段提出解聘未经工会同意，解聘行为违法，企业应迅速响应并提供必要的证据证明解聘行为的合法性。如果企业在一审阶段未能补正，直到二审开庭时才进行补正，可能会因为时间节点的问题而不被法院认可，导致败诉和巨额赔偿。因此，及时补正至关重要。

第三，全面把握解除劳动关系的关键环节。

解除劳动关系的每个环节都至关重要。企业需要准确把握政策，确保解聘行为符合法律规定，并在解除事实和解聘内容的撰写上清晰明确，避免含糊不清。如果有工会，必须确保所有程序都经过工会的同意。缺少任何一个环节，即使企业有充分的理由解聘员工，也可能因为程序上的疏忽而导致发生巨大的麻烦和经济损失。

总结提示

合法解聘始于工会，合规先行风险远离。企业在解除员工劳动关系时必须严格遵守法律规定，确保工会的参与，以避免不必要的法律风险和经济损失。同时工会也应积极发挥其作用，维护员工的合法权益。通过重视工会程序、及时补正以及全面把握解除劳动关系的关键环节，企业可以有效地降低法律风险并维护自身的合法权益。

相关法律链接

《中华人民共和国劳动合同法》

第四十三条规定，用人单位单方解除劳动合同，应当事先将理由通知工会。用人单位违反法律、行政法规规定或者劳动合同约定的，工会有权要求用人单位纠正。用人单位应当研究工会的意见，并将处理结果书面通知工会。

《最高人民法院关于审理劳动争议案件适用法律问题的解释（一）》（法释〔2020〕26号）

第四十七条规定，建立了工会组织的用人单位解除劳动合同符合劳动合同法第三十九条、第四十条规定，但未按照劳动合同法第四十三条规定事先通知工会，劳动者以用人单位违法解除劳动合同为由请求用人单位支付赔偿金的，人民法院应予支持，但起诉前用人单位已经补正有关程序的除外。

第十一章　竞业限制与商业秘密

第一讲　竞业限制：核心技术员工离职的竞业限制方法

实践中，企业的核心技术和商业秘密，是企业获得竞争优势的关键因素。如果掌握核心技术的员工离职后前往竞争对手处任职，那么企业的辛苦研发成果可能化为乌有。如何对核心技术员工进行竞业限制，是很多企业面临的问题。

案例场景

刘某于2015年1月加入某科技公司，成为技术部总监，每月工资2万元，并与公司签订了《保密协议》与《竞业限制协议》。根据协议，刘某承诺不泄露公司机密并在离职后一年内不得加入竞争公司，违反协议需退还25万元经济补偿金，外加5倍的赔偿金，共计150万元。2020年1月刘某离职，公司支付了25万元经济补偿金。然而，刘某离职不到一个月便加入了一个直接竞争的公司并担任技术负责人。原公司得知后立即采取法律行动，发律师函提醒刘某违反协议，并同时起诉刘某，要求返回25万元经济补偿金，外加支付5倍的赔偿款125万元，共计150万元。

问题分析

企业在执行竞业限制措施的过程中，常常会遇到以下挑战：

1. 竞业限制费用的支付问题。企业与员工签订竞业限制协议后，支付标准的确定常常成为争议焦点。合理的竞业限制费用不仅能合法地限制员工的就业选择，还能避免法律纠纷。在本案例中，公司明确了25万元的竞业限制经济补偿金，既是对员工的合理补偿，也是一种法律自我保护手段。

2. 员工规避竞业限制的行为。员工可能通过各种方式绕过竞业限制，如使用亲属名义进入竞争对手公司，企业需采取措施防范此类风险。刘某直接加入竞争对手公司，明显违反了竞业限制协议。

3. 竞业限制的适用对象。通常，竞业限制仅适用于掌握核心技术、商业秘密或担任高级管理的员工。刘某作为技术部总监，掌握了大量核心技术和商业秘密，属于竞业限制的适用对象。

4. 竞业限制费用的确定与支付方式。根据法律规定，每月竞业限制费用不应低于员工过去12个月平均工资的30%。在本案例中，公司的25万元竞业限制经济补偿金显然高于这一标准，显示了公司对核心技术和商业秘密的重视。

解决建议

那么企业应该如何处理员工竞业限制问题，避免产生纠纷呢？可以参考以下措施（如图11-1所示）：

1. 签订相关合同和制定制度。企业应与员工签订包括劳动合同、保密协议、竞业限制协议在内的相关文件，以保护企业权益。这些合同和制度应当详细、明确，避免模糊不清的条款，确保法律效力。

```
01  签订相关合同和制定制度
02  明确保密内容并扩大限制范围
03  完善工作交接流程
04  设置脱密期和技术分散管理
```

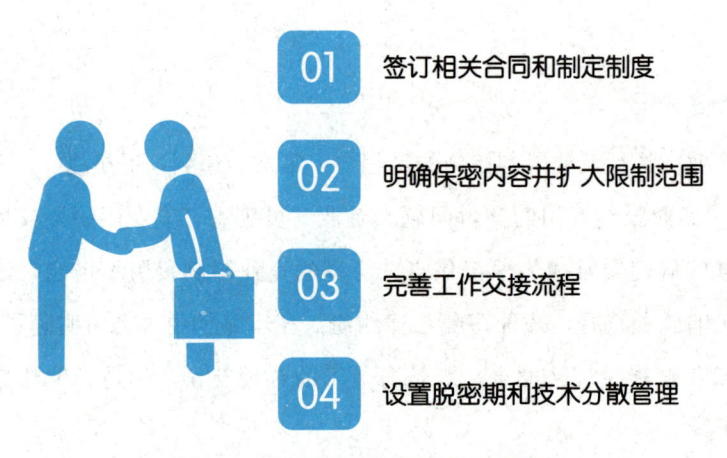

图 11-1　避免营业限制纠纷的四项措施

2. 明确保密内容并扩大限制范围。在竞业限制协议中具体列出需要保密的信息种类，并考虑是否对员工直系亲属实施限制，防止员工通过亲属名义泄露或利用公司秘密。

3. 完善工作交接流程。离职交接时必须确保所有敏感材料归还公司，并且在法律上启动保密期，确保离职员工不再接触或使用公司的核心技术和商业秘密。

4. 设置脱密期和技术分散管理。通过设置脱密期和多人共同掌握核心技术等措施，降低单一个体离职带来的风险。企业可以在员工提出离职后逐步减少其对核心机密的接触，确保技术和商业秘密的安全。

总结提示

综上所述，实施竞业限制是保护企业核心技术和商业机密的重要手段。通过明确协议内容，提供合理的经济补偿，并采取必要的法律措施，企业可以有效防范技术泄露和商业机密被利用的风险，从而在市场竞争中保持优势。企业应当重视竞业限制协议的签订和执行，确保在合法框架内保护自己的利益。

相关法律链接

《中华人民共和国劳动合同法》

第二十三条规定，用人单位与劳动者可以在劳动合同中约定保守用人单位的商业秘密和与知识产权相关的保密事项。

对负有保密义务的劳动者，用人单位可以在劳动合同或者保密协议中与劳动者约定竞业限制条款，并约定在解除或者终止劳动合同后，在竞业限制期限内按月给予劳动者经济补偿。劳动者违反竞业限制约定的，应当按照约定向用人单位支付违约金。

第二十四条规定，竞业限制的人员限于用人单位的高级管理人员、高级技术人员和其他负有保密义务的人员。竞业限制的范围、地域、期限由用人单位与劳动者约定，竞业限制的约定不得违反法律、法规的规定。

在解除或者终止劳动合同后，前款规定的人员到与本单位生产或者经营同类产品、从事同类业务的有竞争关系的其他用人单位，或者自己开业生产或者经营同类产品、从事同类业务的竞业限制期限，不得超过二年。

第九十条规定，劳动者违反本法规定解除劳动合同，或者违反劳动合同中约定的保密义务或者竞业限制，给用人单位造成损失的，应当承担赔偿责任。

《中华人民共和国劳动法》

第二十二条规定，劳动合同当事人可以在劳动合同中约定保守用人单位商业秘密的有关事项。

第一百零二条规定，劳动者违反本法规定的条件解除劳动合同或者违反劳动合同中约定的保密事项，对用人单位造成经济损失的，应当依法承担赔偿责任。

《最高人民法院关于审理劳动争议案件适用法律问题的解释（一）》（法释〔2020〕26号）

第三十六条规定，当事人在劳动合同或者保密协议中约定了竞业限制，但未约定解除或者终止劳动合同后给予劳动者经济补偿，劳动者履行了竞业限制义务，要求用人单位按照劳动者在劳动合同解除或者终止前十二个月平均工资的30%按月支付经济补偿的，人民法院应予支持。

前款规定的月平均工资的30%低于劳动合同履行地最低工资标准的，按照劳动合同履行地最低工资标准支付。

第二讲　商业秘密：如何合法预防员工泄露商业秘密？

实践中，很多中小企业老板对商业秘密的认知存在很大误区，包括不重视保护、缺乏保护措施、混淆商业秘密与其他知识产权、未评估商业秘密的价值以及忽视员工流动风险。这些误区可能导致商业秘密泄露，给企业带来严重损失。

案例场景

某外资企业主要经营机械、机电设备的制造、销售及相关服务。企业对其商业信息实行严格的保密措施，包括分级查阅权限，并要求员工签订《员工保密协议》和《竞业限制协议》同时也在员工手册明确了商业信息、商业秘密范围及保密要求。

李某是该外资企业的销售部负责人，与该外资企业签订了《劳动合同》《员工保密协议》，并确认了《员工手册》，同时签了字。后来，李某因泄露公司商业秘密被解雇。

李某在该外资企业任职期间，暗中成立了A公司、B公司、

C 公司，A、B、C 公司经营范围与外资企业经营范围完全一致，并与外资企业的业务存在直接竞争关系。李某在职和离职后，一直利用其在外资企业任职期间获取的商业信息，通过这些公司进行非法获利。

于是，该外资企业指控李某违反保密协议，非法使用商业秘密，造成该外资企业重大损失。因此，外资企业要求 A、B、C 公司停止侵权行为，并赔偿经济损失 1000 万元，李某对此承担连带责任。

后案件经过法院审理，判决 A、B、C 公司和李某连带向该外资企业赔偿 200 万元。

问题分析

上述案例中，法院为何认定 A、B、C 公司和李某侵犯了外资企业的商业秘密，并判决 A、B、C 公司和李某连带赔偿 200 万元呢？

首先，通过该外资企业提供的客户名称、产品图纸、交易发票等证据，以及《司法鉴定报告》和刑事案件材料中的客户陈述，确认了某一部分客户为该外资企业的长期稳定客户。该外资企业使用了多种软件系统，进行商业秘密分级管理，同时在《员工手册》等文件中，均对商业秘密采取了严格的保密措施。这些长期稳定客户的客户信息具有商业价值，符合商业秘密的构成要件。

其次，李某在该外资企业工作期间，担任重要职务，有机会接触和获取企业商业秘密信息。他出资成立的 A、B、C 公司与外资企业存在竞争关系，并使用了外资企业的客户名单。A、B、C 公司未能证明是合法获取这些信息的，构成商业秘密侵权。

最后，结合李某及 A、B、C 公司侵权行为的过错程度、持续时间、范围和后果，法院判定 A、B、C 公司和李某连带赔偿 200 万元。

解决建议

企业如何预防商业秘密保护不当带来的法律风险呢？以下建议可供参考（如图 11-2 所示）：

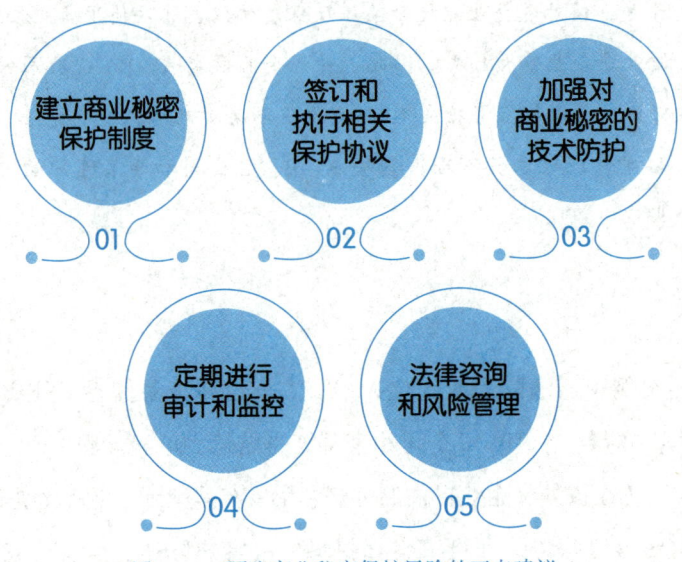

图 11-2　预防商业秘密保护风险的五点建议

1. 建立商业秘密保护制度。制定详细的保密制度和操作流程，明确商业秘密的保护措施和责任人。定期组织员工培训，增强保密意识。

2. 签订和执行相关保护协议。确保所有员工签订《保密协议》和《竞业限制协议》，并严格执行。定期更新和审查协议内容，确保其有效性和法律合规性。

3. 加强对商业秘密的技术防护。对电子信息进行加密，使用访问控制系统限制权限。定期更新安全防护措施，防止信息泄露。

4. 定期进行审计和监控。定期进行内部审计，确保商业秘密保护措施的落实。通过监控系统实时监测和预警异常行为。

5. 法律咨询和风险管理。定期咨询法律顾问，更新和调整保密策略。进行风险评估和管理，防范潜在法律风险。

通过上述措施，企业可以有效预防商业秘密保护不当带来的法律风险，维护自身合法权益。

相关法律链接

《中华人民共和国反不正当竞争法》

第九条规定，经营者不得实施下列侵犯商业秘密的行为：

（一）以盗窃、贿赂、欺诈、胁迫、电子侵入或者其他不正当手段获取权利人的商业秘密；

（二）披露、使用或者允许他人使用以前项手段获取的权利人的商业秘密；

（三）违反保密义务或者违反权利人有关保守商业秘密的要求，披露、使用或者允许他人使用其所掌握的商业秘密；

（四）教唆、引诱、帮助他人违反保密义务或者违反权利人有关保守商业秘密的要求，获取、披露、使用或者允许他人使用权利人的商业秘密。

经营者以外的其他自然人、法人和非法人组织实施前款所列违法行为的，视为侵犯商业秘密。

第三人明知或者应知商业秘密权利人的员工、前员工或者其他单位、个人实施本条第一款所列违法行为，仍获取、披露、使用或者允许他人使用该商业秘密的，视为侵犯商业秘密。

本法所称的商业秘密，是指不为公众所知悉、具有商业价值并经权利人采取相应保密措施的技术信息、经营信息等商业信息。

第十七条规定，经营者违反本法规定，给他人造成损害的，应当依法承担民事责任。

经营者的合法权益受到不正当竞争行为损害的，可以向人民法院提起诉讼。

因不正当竞争行为受到损害的经营者的赔偿数额，按照其因被侵权所受到的实际损失确定；实际损失难以计算的，按照侵权人因侵权所获得的利益确定。经营者恶意实施侵犯商业秘密行为，情节严重的，可以在按照上述方法确定数额的一倍以上五倍以下确定赔偿数额。赔偿数额还应当包括经营者为制止侵权行为所支付的合理开支。

经营者违反本法第六条、第九条规定，权利人因被侵权所受到的实际损失、侵权人因侵权所获得的利益难以确定的，由人民法院根据侵权行为的情节判决给予权利人五百万元以下的赔偿。

第三十二条规定，在侵犯商业秘密的民事审判程序中，商业秘密权利人提供初步证据，证明其已经对所主张的商业秘密采取保密措施，且合理表明商业秘密被侵犯，涉嫌侵权人应当证明权利人所主张的商业秘密不属于本法规定的商业秘密。

商业秘密权利人提供初步证据合理表明商业秘密被侵犯，且提供以下证据之一的，涉嫌侵权人应当证明其不存在侵犯商业秘密的行为：

（一）有证据表明涉嫌侵权人有渠道或者机会获取商业秘密，且其使用的信息与该商业秘密实质上相同；

（二）有证据表明商业秘密已经被涉嫌侵权人披露、使用或者有被披露、使用的风险；

（三）有其他证据表明商业秘密被涉嫌侵权人侵犯。

《中华人民共和国劳动合同法》

第二十三条规定，用人单位与劳动者可以在劳动合同中约定保守用人单位的商业秘密和与知识产权相关的保密事项。

对负有保密义务的劳动者，用人单位可以在劳动合同或者保密协议中与劳动者约定竞业限制条款，并约定在解除或者终止劳动合同后，在竞业限制期限内按月给予劳动者经济补偿。劳动者违反竞业限制约定的，应当按照约定向用人单位支付违约金。

第二十四条规定，竞业限制的人员限于用人单位的高级管理人员、高级技术人员和其他负有保密义务的人员。竞业限制的范围、地域、期限由用人单位与劳动者约定，竞业限制的约定不得违反法律、法规的规定。

在解除或者终止劳动合同后，前款规定的人员到与本单位生产或者经营同类产品、从事同类业务的有竞争关系的其他用人单位，或者自己开业生产或者经营同类产品、从事同类业务的竞业限制期限，不得超过二年。

第十二章　劳务关系与用工模式

第一讲　平台用工：是劳务关系，还是劳动关系？

随着互联网经济的快速发展，诸如送外卖、送快递、网约车和网络直播等新兴行业蓬勃兴起，这些行业的从业者大多通过网络平台接单，其用工模式与传统企业用工存在显著差异。这种新兴的用工方式在劳动关系界定上显得尤为模糊，给用工企业和从业者带来了不小的法律风险。

案例场景

2016年7月，小工通过一家跑腿公司面试后，开始从事美团外卖配送工作。公司为其提供了统一的工作服、员工手册和配送电动车。小工每天需按时参加早会，听取工作总结和注意事项，并穿着统一服装进行配送工作。

2016年8月，小工在配送过程中发生车祸，身受重伤。在向跑腿公司寻求赔偿时，公司却以小工未签订劳动合同、工资非公司发放为由，拒绝承担赔偿责任。

小工遂向劳动仲裁委申请仲裁，但劳动仲裁委认定双方不存在劳动关系。小工不服，诉至法院，最终法院认定双方存在劳动关系。

问题分析

此案例凸显了平台用工方式在劳动关系界定上的复杂性。劳动仲裁委与法院的不同判决结果，反映了当前法律实践中对于此类问题的争议与困惑。

为何此类问题有如此多的争议与困惑呢？

首先，平台用工方式与传统企业用工存在显著差异，从业者工作自由度较高，企业管理也相对宽松。这种灵活性，使得双方更倾向于认为彼此之间存在的是劳务关系而非劳动关系。

其次，企业为了降低社保等成本，往往不愿与从业者签订正式的劳动合同，而是选择签订劳务合同。这种做法进一步加剧了劳动关系的模糊性。

最后，由于法律知识的匮乏和对相关案例的误解，从业者和企业管理层往往对平台用工方式的法律性质存在误判，从而导致了法律风险的产生。

那么，当前法律实践中判定劳动关系或劳务关系的关键是什么呢？那就是工人对于企业是否存在人身从属性，而具体判断依据，包括工作自由度、管理标准、工资发放方式以及其他对劳动者的约定行为。

在上述案例中，小工虽然未签订劳动合同，但法院根据小工的工作时间、地点、纪律要求、工资计算方式、着装要求以及上班时间等因素，认定小工与跑腿公司之间存在明显的人身依附性，从而判定双方存在劳动关系。

解决建议

那么这种涉及平台用工的问题，企业应如何防范用工风险呢？具体解决建议如下（如图 12-1 所示）：

```
01  管理制度创新
02  专业规范审查
03  调整报酬支付方式
04  避免人身依附性
05  灵活解决社保问题
06  采用灵活用工方式
```

图 12-1 防范平台用工风险的六个建议

1. 管理制度创新。企业应从人身依附性的特点出发,改革管理制度,减少对员工个人生活的干预,实行更为宽松的管理方式。例如,可以允许从业者自由选择工作时间和地点,降低其对企业的依附性。

2. 专业规范审查。聘请法律专业人士对企业的规章制度进行审查,确保平台用工方式合理、合法。避免使用可能暗示劳动关系的条款,如"员工必须严格遵守公司规定,否则将受到处罚"等。

3. 调整报酬支付方式。改革报酬支付形式,使其与劳动关系中的工资支付有明显区别。例如,可以采用按单计费、提成等方式支付报酬,以降低劳动关系的认定风险。

4. 避免人身依附性。通过上述措施的实施,确保企业与员工之间不存在管理与被管理的关系。这样才有可能被认定为劳务关系而非劳动关系,从而减轻企业在劳动合同中的义务。

5. 灵活解决社保问题。即使企业不需要为员工购买社保,也应建议员工通过灵活用工的形式自行购买社保,以保障其未来权益。同时,企业可以提供一定的社保补贴或指导员工选择合适的社保方案。

6. 采用灵活用工方式。不同地区对于社保购买政策会有所区别。企业可以考虑采用劳务外包、合作协议等灵活用工方式，增加用工的灵活性，并促进企业和员工之间的和谐发展。

总的来说，在平台用工日益普遍的今天，企业应积极改革制度、规范用工方式、灵活解决社保问题，以促进企业与员工之间的和谐发展。通过实施上述解决建议，企业可以在遵守法律法规的同时，更好地平衡企业利益和员工权益，从而有效规避临时工带来的法律风险。

总结提示

平台用工需谨慎，劳动关系界定模糊容易引发法律风险。企业应创新管理制度，减少员工依附性，聘请专业人士审查规章制度，灵活调整报酬支付方式。

相关法律链接

《中华人民共和国劳动法》

第二条规定，在中华人民共和国境内的企业、个体经济组织（以下统称用人单位）和与之形成劳动关系的劳动者，适用本法。

《劳动和社会保障部关于确立劳动关系有关事项的通知》（劳社部发〔2005〕12号）

第一条规定，用人单位招用劳动者未订立书面劳动合同，但同时具备下列情形的，劳动关系成立。

（一）用人单位和劳动者符合法律、法规规定的主体资格；

（二）用人单位依法制定的各项劳动规章制度适用于劳动者，劳动者受用人单位的劳动管理，从事用人单位安排的有报酬的劳动；

（三）劳动者提供的劳动是用人单位业务的组成部分。

第二讲　混同用工：混同用工时，如何认定员工劳动关系的归属？

现在很多公司都搞集团化，或者采用关联公司这种经营方式。这样一来，就出现了一种叫做"混同用工"的现象。比如，某员工在 A 公司上班，但却是由 B 公司发工资或者购买社保。这种情况，很多员工有时都搞不清楚自己属于哪一家公司的员工。"混同用工"的现象往往不合法，很容易引起用工纠纷。

案例场景

小张在 A 文化公司负责对外销售篮球课程的工作，然而，他的工资条和社会保险缴纳记录却来自 B 服装公司。这两家公司虽然名义上独立，但实际上它们紧密相关，共同服务于同一品牌，不仅共享办公空间、考勤系统和微信工作群，甚至连财务和人事部门的工作人员也是同一批人。

对于小张来说，这种安排让他的劳动关系变得扑朔迷离，因为，他从未与任何一家公司签订过正式的书面劳动合同。

后来，双方发生劳动争议。就小张的这种情况，当地中级人民法院进行了审理，认为 A 文化公司与 B 服装公司在经营、办公、人事、用工及财务等多个方面存在高度混同，从而认定它们之间存在混同用工的事实。因此，法院判定小张有权要求 A 文化公司承担相应的用工责任。

问题分析

上述案例中的情形，是典型的混同用工情形。那么，什么是混同用工呢？混同用工主要指的是在劳动关系中，劳动者与用人单位之间的用工关系存在模糊、混淆的情况。

实践中，混同用工的现象是如何体现的呢？具体如下（如图12-2所示）：

```
   01              02              03
多家关联公司     用工主体和       故意混淆
 共同用工       用工行为混同     用工关系
```

图12-2　混同用工现象的三种体现

1. 多家关联公司共同用工。劳动者与一家企业建立了劳动关系，但由于某种原因（如业务需要、人员调配等），该劳动者被抽调、委派或借调到该企业的关联方工作，并与关联方同样建立了劳动关系。这种情况下，劳动者的劳动关系及用工主体变得不明确，难以分辨劳动者到底与哪家单位存在真正的劳动关系。例如，小张在A文化公司工作，但他的工资和社会保险却由B服装公司发放和缴纳，而A和B两家公司在经营、办公、人事等方面存在高度混同。

2. 用工主体和用工行为混同。在某些情况下，多家企业可能共享同一套人马，但挂着不同的牌子（即"一套人马，两块牌子"）。这些企业在法定代表人、办公场所、人员、业务，乃至财务等方面高度统一，导致劳动者无法明确自己的用工主体。同时，这些企业可能交替使用劳动者，使得劳动者的工资发放主体、社保缴纳主体等频繁变换，劳动合同的签订也不规范。

3. 故意混淆用工关系。有些企业为了规避法律责任或降低用工成本，故意不与员工签订书面劳动合同，或者通过复杂的用工安排来混淆劳动关系。例如，实际控制人为同一人或具有亲属关系的两个或多个经济组织，业务内容相同或存在交叉，经营场所无法区分，人员、财务等高度混同，故意不明确用工主体。

而混同用工现象带来的问题主要有两个方面：一方面是对劳动者而言，会面临权益受损的风险，如工资拖欠、社保未缴等；另一方面是对用人单位而言，会因违反劳动法律法规而受到行政处罚或承担民事责任。此外，混同用工还可能引发劳动争议和纠纷，影响企业的正常运营和劳动者的合法权益。

解决建议

为解决混同用工问题，保护劳动者权益，避免法律漏洞，提出以下解决建议（如图 12-3 所示）：

解决混同用工问题的建议：
- 统一劳动关系的用工主体
- 制定规章制度确认劳动关系归属
- 书面确认关联企业之间的工作调整和异动

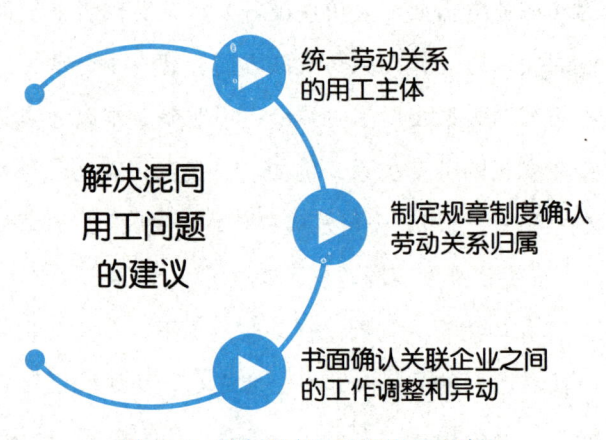

图 12-3　解决混同用工问题的三项建议

1. 统一劳动关系的用工主体。通过劳动合同的签订、工资的支付以及社保的缴纳来明确劳动关系的归属单位，确保劳动者与用工单位之间的法律关系清晰明确。

2. 制定规章制度确认劳动关系归属。对于关联企业之间的集团化运作，应通过制定规章制度来确认劳动关系的归属。同时，从劳动者入职开始，应让其确认相关关联单位异动的规章制度的存在，并清楚关联企业之间调动和异动的相关制度安排。

3. 书面确认关联企业之间的工作调整和异动。每次劳动者在关联企业之间进行工作调整和异动时，都应经过员工的书面确认。这样可以让员工清楚自己劳动关系的归属，避免产生混淆和争议。

总结提示

混同用工现象渐增，给劳动者权益保护带来了挑战。为解决此问题，需明确劳动关系认定标准，规范关联企业用工行为。通过统一用工主体、制定规章确认劳动关系、书面确认工作调整等，可有效保护劳动者权益，避免法律漏洞。

相关法律链接

《劳动和社会保障部关于确立劳动关系有关事项的通知》（劳社部发〔2005〕12号）

第一条规定，用人单位招用劳动者未订立书面劳动合同，但同时具备下列情形的，劳动关系成立。

（一）用人单位和劳动者符合法律法规规定的主体资格；

（二）用人单位依法制定的各项劳动规章制度适用于劳动者，劳动者受用人单位的劳动管理，从事用人单位安排的有报酬的劳动；

（三）劳动者提供的劳动是用人单位业务的组成部分。

《中华人民共和国公司法》

第二百六十五条规定，关联关系，是指公司控股股东、实际控制人、董事、监事、高级管理人员与其直接或者间接控制的企业之间的关系，以及可能导致公司利益转移的其他关系。但是，国家控股的企业之间不仅因为同受国家控股而具有关联关系。

（此外，国家税务总局发布的《特别纳税调整实施办法（试行）》中，第九条规定了关联关系的具体表现形式，包括股份持有关系、借贷资金关系、高级管理人员委派关系、生产经营控制关系等。《最高人民法院关于审理劳动争议案件适用法律问题的解释（一）》中，第四十六条规定了劳动者非因本人原因从原用人单位被安排到新用人单位工作时工作年限的合并计算情况，其中包括用人单位及其关联企业与劳动者轮流订立劳动合同的情形。）

第三讲 退休人员：如何规避退休人员聘用不当带来的法律风险？

由于人口老龄化的影响，部分企业用工困难，不少企业存在退休人员返聘的现象，或者员工到达退休年龄后继续聘用的现象。对于退休人员的用工问题，如果处理不当，很容易引发法律纠纷，特别是工作中受伤是否属于工伤，各地存在着司法实践上的差异。同时对上述特殊人群的用工，不少地区也出现了可单缴工伤保险的优惠政策。

案例场景

老张在某家具厂工作已有18年，工作非常负责任。老张达到法定退休年龄即60岁后，继续在家具厂工作，但双方未签订书面劳务协议。后因支付劳动报酬问题发生争议，老张提起劳动仲裁，但因双方不存在劳动关系，仲裁委不予受理。

老张不服，继续向法院提起诉讼，法院依据双方实际用工情况最终认定存在劳务关系，判决公司支付老张相应的劳务报酬。

问题分析

实践中，返聘退休员工，往往存在以下问题（如图 12-4 所示）：

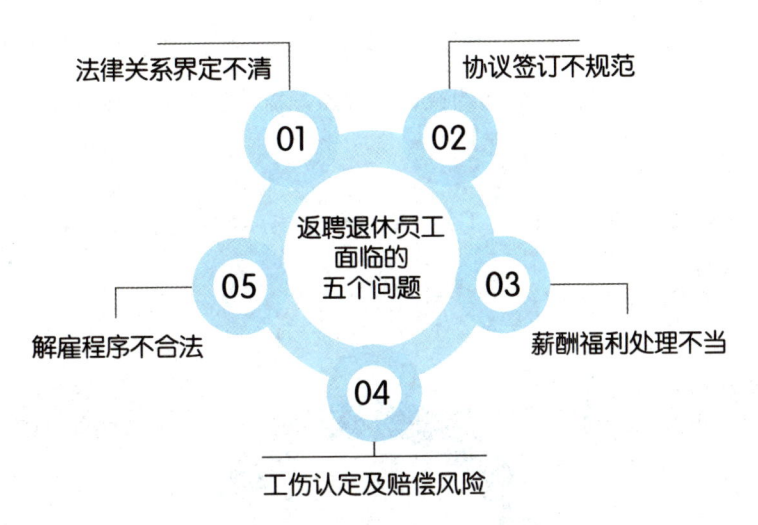

图 12-4　返聘退休员工面临的五个问题

1. 法律关系界定不清。退休员工与用人单位之间的法律关系往往因缺乏明确界定而引发争议。部分企业错误地将退休员工完全视为劳动关系员工，未就具体情况具体分析后特殊处理，导致在用工管理、社保缴纳、工伤处理等方面出现偏差。

2. 协议签订不规范。部分企业与退休员工未签订书面劳务协议，或协议内容不详尽，无法有效保障双方权益。一旦发生争议，往往因证据不足而陷入被动。

3. 薪酬福利处理不当。企业为退休员工购买商业保险不当，或薪酬福利约定不明，既增加了企业成本，又可能引发法律纠纷。

4. 工伤认定及赔偿风险。退休员工在工作中受伤，需以当地的司法实践的做法为准。如不少地区不认定劳动关系，受伤以人身损害方式处理，需划分责任；而有些省份可以按工伤处理，企业可依法为其缴纳单工伤保险。若企业未根据当地的司法实践的做法采取有效措施规避风险，可能面临高额赔偿。

5. 解雇程序不合法。企业在解雇退休员工时，若未遵守劳务协议约定或法律规定，可能构成违约或违法解雇，需承担相应法律责任。

解决建议

企业如何规范退休员工的用工管理，有效规避法律风险呢（如图12-5所示）？

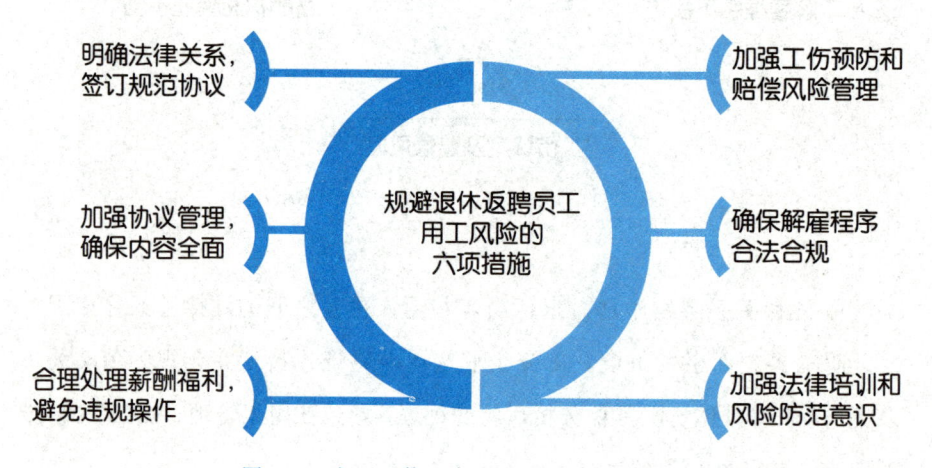

图 12-5　规避退休返聘员工用工风险的六项措施

1. 明确法律关系，签订规范协议。企业应与退休员工明确界定法律关系，签订详细的书面劳务协议。如果员工已经达到退休年龄，如果仍需要继续留用员工的，则及时终止劳动合同，签订《劳务协议》或《退休返聘协议》，且在协议中应明确双方权利义务、工作内容、工作时间、报酬支付、保密义务、违约责任、工伤或人身损害赔偿处理等关键条款。

2. 加强协议管理，确保内容全面。企业应建立健全的劳务协议管理制度，确保协议内容全面、具体。对于可能出现的法律风险点，如工伤处理、解雇程序等，应在协议中做出明确约定。

3. 合理处理薪酬福利，避免违规操作。企业应确保退休员工的薪酬福利符合法律法规要求，避免违规缴纳社保。同时，明确约定薪酬福利标准，并在劳务协议中予以确认，减少争议发生。

4. 加强工伤预防和赔偿风险管理。企业应建立工伤预防机制，为退休员工提供必要的劳动保护措施和工作环境。同时，可考虑为退休员工购买雇主责任险等商业保险，现在不少省份，如广东等省，还可通过为退休返聘员工缴纳工伤社会保险，以规避工伤赔偿风险。

5. 确保解雇程序合法合规。企业在解雇退休员工时，应严格遵守签订的《劳务协议》或《退休返聘协议》的约定和法律规定。提前通知退休员工并说明解雇原因，确保解雇程序的合法性和合理性。

6. 加强法律培训和风险防范意识。企业应定期组织退休员工及人力资源管理人员参加劳动法律法规培训，增强风险防范意识。同时，建立健全的法律风险预警机制，及时发现并处理潜在的法律风险点。

总结提示

返聘的退休员工往往具有丰富经验和专业技能，但同时也为企业带来了不容忽视的法律风险。通过以上解决建议及对应的防控措施，才能有效规避退休员工使用不当带来的法律风险。

相关法律链接

《中华人民共和国劳动合同法》

第四十四条规定，劳动者开始依法享受基本养老保险待遇的，劳动合同终止。

《中华人民共和国劳动合同法实施条例》

第二十一条规定，劳动者达到法定退休年龄的，劳动合同终止。

《最高人民法院关于审理劳动争议案件适用法律问题的解释（一）》（法释〔2020〕26号）

第三十二条规定，用人单位与其招用的已经依法享受养老保险待遇或者领取退休金的人员发生用工争议而提起诉讼的，人民法院应当按劳务关系处理。

《中华人民共和国民法典》

第一千一百九十二条规定，个人之间形成劳务关系，提供劳务一方因劳务造成他人损害的，由接受劳务一方承担侵权责任。接受劳务一方承担侵权责任后，可以向有故意或者重大过失的提供劳务一方追偿。提供劳务一方因劳务受到损害的，根据双方各自的过错承担相应的责任。

《人力资源社会保障部关于执行〈工伤保险条例〉若干问题的意见（二）》（人社部发〔2016〕29号）

第二条规定，达到或超过法定退休年龄，但未办理退休手续或者未依法享受城镇职工基本养老保险待遇，继续在原用人单位工作期间受到事故伤害或患职业病的，用人单位依法承担工伤保险责任。

用人单位招用已经达到、超过法定退休年龄或已经领取城镇职工基本养老保险待遇的人员，在用工期间因工作原因受到事故伤害或患职业病的，如招用单位已按项目参保等方式为其缴纳工伤保险费的，应适用《工伤保险条例》。

《广东省人力资源和社会保障厅　广东省财政厅　国家税务总局广东省税务局关于单位从业的灵活就业劳动者等特定人员参加工伤保险的办法》

第三条规定，本办法所指在从业单位工作且未建立劳动关系的灵活就业劳动者等特定人员（以下简称"从业人员"）包括超过法定退休年龄人员（包括已享受和未享受城镇职工基本养老保险待遇人员）。

后记：构建和谐劳动关系，共创企业未来

在《企业智慧用工：风险防控与全流程合规指南》这本书的最后，我们希望与读者分享一些深刻的思考和对未来的展望。本书的撰写不仅是对劳动关系管理知识的梳理，更是对企业与员工和谐共生理念的一次深刻探讨。

一、劳动关系管理的深远意义

劳动关系管理是企业运营中不可或缺的一部分。它不仅关系到员工的福祉和企业的稳定发展，更是社会和谐与进步的重要基石。一个良好的劳动关系能够激发员工的潜能，促进企业的创新和成长，最终实现双赢。

二、法律与道德的双重约束

在劳动关系管理中，法律提供了基本的规范和保障，道德则是更深层次的自我约束。企业在遵循法律法规的同时，更应以道德为准则，尊重员工，公平对待，这样才能赢得员工的信任和忠诚。

三、持续地自我革新

随着社会的发展和科技的进步，劳动关系管理也需要不断地自我革新。企业应积极拥抱变化，利用新技术优化管理流程，提高效率，同时保持对员工的关怀和尊重，确保技术进步不会以牺牲员工利益为代价。

三、培养企业文化的核心价值

企业文化是劳动关系管理的灵魂。一种积极向上、以人为本的企业文化，能够吸引和留住人才，激发员工的创造力和团队协作精神。企业应重视文化建设，将其融入日常管理和决策中。

四、重视员工的全面发展

员工不仅是企业的劳动力，更是企业最宝贵的资源。企业应关注员工的全面发展，提供培训和发展机会，帮助员工实现职业生涯规划，这样才能建立起员工与企业之间的长期合作关系。

五、社会责任与可持续发展

企业在追求经济效益的同时，也应承担起社会责任，推动劳动关系的可持续发展。这包括提供公平的薪酬、安全的工作环境、平等的发展机会等。这样的企业不仅能够赢得员工和社会的尊重，也能够在长远中获得更大的成功。

六、携手共创和谐劳动关系

《企业智慧用工：风险防控与全流程合规指南》的出版，是我们对劳动关系管理领域的一次深入探索。我们希望通过这本书，能够启发更多的企业管理者和人力资源专业人员，共同探索和实践更加和谐、有效的劳动关系管理之道。让我们携手共进，在劳动关系管理的道路上不断前行，共创一个更加公平、公正、和谐的工作环境。

在这个快速变化的时代，劳动关系的和谐稳定对于企业的长远发展至关重要。我们相信，通过不懈的努力和智慧的运用，每一位企业管理者都能够在劳动关系管理上取得成功，为企业的繁荣和社会的进步作出贡献。